松永暢史

【新訂版】
女の子を伸ばす母親は、ここが違う!

扶桑社文庫
0719

新訂版文庫本発刊に際してのまえがき

同じ本のまえがきを三度も書く。もちろんこれは著者として大変幸甚なことには違いないのですが、いささか繰り返しで、読者への感謝の気持ちのほか書きようがありません。そういうワケなので、いささかテキトーな内容のまえがきになることをお許しください。

最近筆者の所へ来る教育相談に目立って多いものがあります。それは、簡単に言うとこういう内容です。

「もう文科省のやろうとしていることも、この国の教育の方向性も、大学入試改革も、公立学校荒廃も、中学校受験変化も全然わけがわからない。おまけにグローバル化教育。もうややこしすぎてついていけません。わが子のためにいったいどのようなことをするのが正しいのか、どうしたらよいのか全然わからないから教えてください」

つまり、現在の親の多くは、子どもの教育について、具体的個別的な問題よりも、全体的にそれを包んでいるものが「わけがわからない」と感じているのです。

これは明らかに時代的な大変化ですが、こうしたことに応えようとしてきたのが、これまで本を書いてきた動機だったとも言えます。

現代の女の子について、過去の女性たちともっとも異なること……それは、女性もできるだけ高学歴を得て、あるいは資格を取って、社会の一員として働くということです。そしてそのうえで結婚や子育てといったことがあるということです。

大変じゃないですか。単に優しいママになるだけではなく、できたら勉強もしっかりして、仕事ができ、相手も見つけ、子どもを産んで、それを育てることができるしっかりとした大人の女性にならなくてはならない。

しかし、そんなことは多くの女の子にとって簡単です。男の子より簡単にこなしてしまいます。

人にもよりますが、大体の傾向として女の子のほうがきちんとコツコツ学習できます。男の子はいくら言っても字は汚いし、とかく気が向いたことしかやろうとしません。勉強に関して言えば、女の子のほうが向いているとすら思えます。

しかし、本当の勉強には好奇心が欠かせませんし、女性として楽しく生きるには感受性が欠かせません。

そうした力を大切に、女の子が立派に育ってほしい。そして早めに国会議員の過半数が女性議員になってほしい。あのおバカで権力欲の固まりの男たちになんて、いつまでも政治を任せておくわけにはいきません。あいつらに子どもを幸せにする教育を語ることなんてできません。

ここに、ひそかにそういう想いをお伝えして、この新訂版文庫本発刊のまえがきに代えさせていただきます。

二〇二〇年四月

松永暢史

文庫本のためのご挨拶

道端で女の子がうずくまってじっとしている。そばに近づいて見ると、女の子の前には小さなすみれの花が咲いていて、それに何か話しかけている。確かにそのすみれの花は可憐《かれん》で美しい。ハッと気づいて、差し出した私の手を取り立ち上がる。そして、すみれの花に向かって「じゃあね、バイバイ」――。

「何をしていたの?」「お花とお話ししていたの」「えっ、なんて?」「お花ちゃんかわいいねって」「お花ちゃんはなんて言うの?」「タ~チャンもかわいいよって」

植物と会話する――これはまず、九九%の男性ができません。それどころか、男性の多くは自分の子どもができるまで、赤ちゃんをかわいいと思えないところもあるようです。でも、女の子はごくその初期から、そうした感性を当然のように持ち合わせています。

ウーマンリブ、フェミニズム。気がつけば女性が社会に出て働くのが当たり前の世の中になりました。そして、そのためには、よく勉強して、高学歴を得るか、資格試験に通るか、などの努力が必要です。しかし、ここには「女性の特性」は無関係です。植物と会話できる能力は評価の対象になりません。
今こそ本格的な女性の時代が来ていると言えましょう。だからこそ翻って、これからの時代、女の子を育てるには、男性にはない女性の特性を守りながら成長してもらうことが大切になって来ると思います。

この本は二〇〇六年暮れに扶桑社から刊行され、幸い多くの人に受け入れられ、先行して出版された『男の子を伸ばす母親は、ここが違う!』と合わせ五〇万部を超えるベストセラーとなりました。
今回、同社から「より広い読者に読んでいただくために」というお声掛けをいただき、ここに新たに文庫本として生まれ変わることになったことは、著者として新たなる感慨に堪えません。文庫本化に臨み、加筆修正を行いました。より多くの子育て中の方に読んでいただき、少しでもそのヒントや参考になることができれば著者としてまことに幸甚に思います。

松永暢史

まえがきにかえて

前著『男の子を伸ばす母親は、ここが違う!』が、多くの方に迎え入れられ、その第二弾『女の子を伸ばす母親は、ここが違う!』の刊行に至ったことは、著者としてまことに光栄の至りです。読者のみなさんに心より厚く御礼申し上げます。

私の仕事は「教育環境設定コンサルタント」ですが、その業務内容は主に、お子さんの学力向上についての相談ならびにアドバイスとしての面と、実際に力をつけて受験合格に導く面のふたつになっています。

したがってこの本の内容は、どちらかと言えば学力向上を演出する筆者の仕事の関係上、勉強ができるようになる子どもにするにはどうすればよいか、という問いにお答えすることが多くなっています。

さて、男の子がその女親と異性であることから問題が生じるように、女の子の場合は母親と同性であることにより問題が生じます。女親は女の子どもに、自分以上の社会的地位や成功を得ることを飽くことなく要求してしまいがちです。そして、このことは、「娘の人生を認めることができない」という大変厄介な親子関係に発展しがちです。

プロにとって勉強をできるようにするのは、無理が可能ならそう難しいことではありません。事実、莫大《ばくだい》な量のテキストと授業時間をかけて、受験に成功させる塾はそこらじゅうに見られます。しかし、子どもを壊して学力向上をさせるのでは「教育」と呼ぶことはできません。

そもそも勉強は、そんなにできなくても構わないけど、できないよりもできるほうがよいというものでしょう。勉強ができる子は、友達との無駄な諍《いさか》いを上手に避けるなど、アタマがよい子やしっかりしている子が多いのです。

では、どうすればアタマがよくて、しっかりしていて、勉強だってできる子に育つのか。そして、その力が、無理のないやり方で将来、本人の可能性を高める役割を果たすものとして与えられるためには、何が必要なのか……。

前著で繰り返し述べてきたことですが、男性の仕事の究極は、社会的な地位を高めることではなく、父親になることです。だとすれば、女性の仕事の究極も、母親になることであると決定されていることでしょう。

わが子が女の子ならば、普通の学歴でまともな相手と結婚して、普通に子育てができるようになっていれば、まず申し分ありません。そして、これだけが子どもに親が期待すべきことに違いありません。それ以上の願いは、それが確保されてからこそ、です。もちろん「それ以上の願い」はその子の勝手ですが……。

どんなに社会で活躍できても、社会に貢献できる子どもを残し、未来につなげていく「世代交代」ができなければ、「動物」としては一人前にはなれません。

女の子は、未来の世代を産み出してくれるまさに「国の宝」です。この女の子たちがよりすぐれて、より幸福に育つ教育。この本が、男の子と女の子の違いを時代状況に合わせて再確認し、今の時代における教育の観点を考える一助となれば、著者として幸いに感じます。

ただし、何事にも「例外」があります。同じ顔がふたつとないように、ひとつの意見がすべてのケースに当てはまるものではありません。そういうときには、どうか私の意見を「参考」としてお読みくださるようお願い申し上げます。とりあえず「現場」はこのように言っておる、と。

松永暢史

目次

新訂版　女の子を伸ばす母親は、ここが違う！

新訂版文庫本発刊に際してのまえがき　2

文庫本のための御挨拶　6

まえがきにかえて　8

第一章　学ばせる　19

Point 1　親に「かわいい」と言われて育った女の子は、勉強ができる　20

Point 2　公衆トイレの使い方でわかる、子どもの「お粗末度」　25

Point 3　女の子の学力は「先行先取り」で、ぐんぐん伸びる！　29

Point 4 片づけ上手の女の子は、勉強ができるようになる 32
Point 5 詰め込み・丸暗記学習は百害あって一利なし 37
Point 6 「それ知ってる」だけの女の子はバカになる 41
Point 7 女の子の主体性を伸ばすのは「厳しい母親」 45
Point 8 女の子の国語力は「おしゃべり」で鍛えられる 51
Point 9 あの子はなんでできるのか?――海外帰国子女 57
Point 10 あの子はなんでできるのか?――おばあちゃんっ子 63
Point 11 あの子はなんでできるのか?――医者の娘 67
Point 12 あの子はなんでできるのか?――三歳までの幼児教育 71
Point 13 あの子はなんでできるのか?――親子揃って読書家 75

Point 14 あの子はなんでできるのか？――意外とちゃっかりしている 80
Point 15 中学受験で失敗しない方法 85
Point 16 女の子の受験は下準備が必要 91

第二章 躾ける 97

Point 17 結局、女の子は「習慣」で決まる 98
Point 18 行儀よくできる子は、アタマがいい 102
Point 19 「控えめ」「楚々としている」は、もう女の子の美徳ではない 106
Point 20 家庭的な女の子は、アタマがよくなる 110
Point 21 わがままな子は、数学ができない 115

Point 22 自由に使えるお金が多いほど、女の子はダメになる 118
Point 23 盲目的にメディアを信じると、道を踏み外す 123
Point 24 女の子に「器用貧乏」はいない 129
Point 25 人生の最終目的とは、やりたいことを見つけることである 133
Point 26 物事を楽しめる子は、アタマがよくなる 137
Point 27 「受容力」のない子は、負け犬になる 142

第三章 はぐくむ 147

Point 28 女の子でもっとも大切なものは「感受性」である 148
Point 29 ピアノが弾ける子は、アタマがよくなる 151

Point 30 上手な買い物は、「判断力」をはぐくむ 155
Point 31 芸術の素養がある子は、能力の伸び方が違う 159
Point 32 「わかってくれる人」がいれば、子どもは歪まない 163
Point 33 兄貴の「獲物」で、妹は育つ 167
Point 34 「分別あるまねっこ」が、子どもの能力を引きだす 172
Point 35 「愛されている」という確信が、女の子を強くする 175
Point 36 「コレなら任せて！」がある子が、最終的に勝つ 180
Point 37 小さな子に好かれる女の子は、オールマイティ 184
Point 38 「目は口ほどにモノを言」わせる力をつける 189
Point 39 「ごっこ遊び」が好きな女の子は伸びる 193

Point 40 受験のために「趣味の芽」を断つのはもってのほか 198
Point 41 受験と習い事 203
Point 42 「見守り、はぐくむ」が女子教育の要 206
Point 43 感受性の基は「まぁ、かわいい」と思う気持ち 212
文庫本のためのあとがき 222
新訂版文庫本発刊に際してのあとがき 226

装丁　新昭彦(ツーフィッシュ)
装画　きつまき
編集協力　堀田康子

Chapter 01

第一章

学ばせる

Point 1

親に「かわいい」と言われて育った女の子は、勉強ができる

小学校高学年から高校生くらいの女の子に「嫌われる女の子って、どんなタイプ？」と聞いてみると、真っ先に返ってくる答は、なんだと思いますか？

正解は「ぶりっ子！」です。

彼女たちのお母さん世代が子どもの頃に同じ質問をされても、おそらく同じ答だったのではないでしょうか。

とすると、「ぶりっ子」は古来よりの嫌われ者、ということになります。それなのに、二一世紀の現代にまだ棲息《せいそく》していることに、不思議な感じを抱いてしまいます。初期「ぶりっ子」と二一世紀の「ぶりっ子」は、表面的には違うかもしれません。しかし、その根本は同じ。「ありのままの自分以上に、自分をよく見せたい」――これに尽きます。

では、なぜ「自分をよく見せたい」と思うのでしょう。

それは、自分が誇れるものをしっかり持っていないからです。自分に自信がある子ども、あるいはたとえ自信がなくても誇れるものがあれば、「他人に認められな

くても、自分は自分」と考えるものです。決して「人によく思われたい」「自分をよく見せたい」とは思いません。

「私は私のままでいい。人の目なんか気にならない」

こういう子どもは伸びやすいのです。なぜなら、自分は愛される存在であるという確信が、自信と信念につながるからです。「自分はがんばれば、なんでもできるに違いない」と。

ところが、人の目ばかり気にして、自分をよく見せようとする子は、まず勉強ができるようになりません。というよりも、自己の内面を高めること、いろいろなことを吸収してレベルアップしていくことの喜びに至れないのです。

「嫌われる女の子はぶりっ子」と断言した彼女たちは、こう続けます。「ぶりっ子で勉強ができる子って、いないよ。みーんな勉強ができないの」と。

自分に自信を持てない女の子は、まず外見ばかりを気にします。

身だしなみを整えるという範囲なら、大いに結構なのですが、髪を巻いてみたり、染めてみたり、化粧をしてみたり、制服のスカートを短くしてみたり……というところまでくると、頭にあるのは「いかにしてほかの女の子たちに差をつけ、男の子にモテるか」のみ。

これでは、勉強ができるようになるはずがありません。

私は先ほど、「自分に自信がない子がぶりっ子になる」と申し上げました。では、なぜ、彼女たちは生きていくうえでもっとも必要な「ありのままの自分に対する自信・誇り」を持てなかったのでしょうか。

これは、親の態度に問題があったとしか考えられません。

親に認めてもらえなかったから、自分に自信が持てないのです。親が大切にしてくれなかったから、自分に価値を見いだせないのです。自分に価値が見いだせないから、必死で「みんなによく思われる自分」を演出し、繕おうとするのです。

将来、母親になる女の子には、能力よりも存在することそのものが認められる必要性があると思います。なぜなら、母なくして人類は存続しえないからです。

自分に価値を見いだせない子が、援助交際にも走りやすいと言われます。援助交際とは、ほんのひとときでも「愛される自分」を確認しようとする行為でもあり、だからこそ悲劇なのです。

そんなことはない、子どもの人格を認め、大切に育ててきたはずだ、とおっしゃるかもしれません。では、ここで質問をしましょう。

最近、子どもに「かわいいね」と言ったことがありますか?

子どもが小さい頃は「かわいい、かわいい」と育てたことでしょう。しかし、成長してくるに従い、「かわいいね」と言う機会は少なくなっているのではないでしょうか。

もしかしたら「『かわいい、かわいい』ばかり言っていると、自分はかわいいんだと思い込んでいる〝勘違い女〟になるのではないか」と思っていませんか?

確かに、思ってもいないのに「かわいい」を乱発するのは感心できません。子どもは敏感ですから、「心ではそう思ってないのに、口だけで言っている」と察するものです。それに気づいた子どもは、親を信じなくなります。

嬉《うれ》しそうにしているときや、恥ずかしがっているときなど、どんな子でも心から「かわいい」と思う一瞬があります。そのときに、「かわいいなあ」と、ぜひ口にしてください。

こんな単純なことでも、女の子は嬉しく思うものです。それが「愛されている」「見つめてもらっている」「認められている」という自信につながり、「私は私のままでいい」という思いを自然と抱くようになるのです。

恥ずかしくてとてもそんなことが言えない、というなら、目で語りましょう。「なんてこの子はかわいいんだろう」という目で、じっと、子どもが気づくまで見つめてください。でも、これはあらかじめ鏡で練習しておかないと、かえって「気持ち悪い」と思われてしまうかもしれません。

こんなふうにして、愛されている実感を持って育った子は、道を踏み外すことが少ないはずです。勉強をそっちのけにして、過剰なおしゃれに走ったり、男の子の目ばかり気にしたりすることもないでしょう。

女の子を伸ばす第一歩は、親の愛情です。

それには、女の子の存在そのものを認めてあげること。そして、「かわいいね」と言うこと。女の子は、男の子より寂しがり屋さんなのです。照れくさいなどと言わず、ぜひ実行してみてください。

Point 2

公衆トイレの使い方でわかる、子どもの「お粗末度」

ポイント1でも述べましたが、とくに女の子にとって「私は愛されている、大切にされている」という自覚はとても大切です。これが「ありのままの自分でいい」という自己肯定感、そして自分に対する自信につながります。

自己肯定感を持てないまま成長した女の子が、少しでも世間に認められる地位を持とうと勉強に打ち込み、一流大学に合格、卒業後は大企業や官公庁に就職するケースもあるかもしれません。

でも、「子どもの頃から勉強ばかりして東大を出て官僚になった」という男性が、得てして人間的な魅力に欠けるように、学力やキャリアしか誇れるものがない女性には、魅力的な人が少ないと感じるのは、決して私だけではないでしょう。

「自分は大切にされている、その価値がある存在だ」という実感を持って成長していくプロセスが、子どもには欠かせません。

男の子は自分が好きなことに打ち込み、得意分野を持つことで自分の価値を見いだしていくものです。女の子もそれは同様なのですが、それに加えて欠かせないのは、前述したように「私は愛されている、大切にされている」という実感です。これを持たせるために必要なのは、何より「いとおしく、かわいいと思っている」という気持ちを伝えることでしょう。

何も、家族だけとは限りません。多くの人から愛され、大切にされることは、女の子の人格を豊かにし、魅力をはぐくんでいきます。そう、とくに女の子は、「家族だけでなく誰からも愛され、大切に扱ってもらえる子」に育てることが必要なのです（これについては後述します）。

血を分けた家族ならまだしも、他人から大切に扱ってもらえるようになると言うと、困難な道のように聞こえるかもしれません。でも、これは意外に簡単なことなのです。それは、「しっかりとマナーを教え、気持ちよく応対できるいい子に躾《しつ》ける」に尽きるからです。

たとえば、あなたが電車に乗っているとき、目の前にいる女子高生がだらしなく座っていたり、大きな声でおしゃべりに夢中になっていたり、あまつさえ化粧などしていたら、どうでしょう。もしその子が酔っ払いにからまれるなど、困った事態になったとしても、進んで助ける気にはなりにくいのではないでしょうか。「あんな子はイヤな目に遭って当たり前」とは思わないでしょうが……。

あるいは、テーブルに肘をつき、クチャクチャと音を立てるような、食べ方が汚い子に、きちんとした料理を出す気になるでしょうか。できることなら、一緒に食事をしたくないと思うかもしれません。

世界中の人が博愛精神に満ちあふれているならいざ知らず、「行儀の悪い子」はそうでない子に比べて粗末に扱われる場面が多くなるのは、どうしようもない現実だと言えます。

わが子をそんな目にあわせないためには、きちんと躾けなければなりません。「靴は脱いだら揃《そろ》えなさい」「脱いだものは畳んでおきなさい」「学校の提出物は期限を守りなさい」などなど、あらゆる場面で親がしっかりと子どもを躾け、きちんとさせるのです。これは、とくに女の子には重要なことです。

子どもに限らない話ですが、私は「その人がきちんとしているかどうか」がわかるのは、公衆トイレだと思っています。

公衆トイレとは「人目に触れることは少ないけれど、みんなが使う公共の施設」です。ほかに誰もいないからといって、あるいは自分の家ではないからといって、きれいに使うことができないような人は、マナーが身についているとは言えません。トイレットペーパーをびりびりに切って平気で出ていく、手洗い場をびしょぬれにする、梳《と》かしたあとの髪の毛が落ちているのをそのままにしていく……。

「みんなが使うところを大切にする」という気持ちは、間違いなく「マナーの根本」になります。

余談になりますが、化粧や髪を梳かすなど「本来トイレなどでするべき行為」を電車内など公衆の面前でやるのは言語道断、マナーや行儀などと無縁の世界に生きていると思われて構わない人たちだと、私は解釈しています。

誰しも、わが子は「みんなから愛され、大切にされるような子ども」になってほしいと願っているでしょう。

そのためには、まず家庭でしっかり躾けること。さらに、親自身がしっかりとした公共心を持つことが欠かせません。

機会があったら、お嬢さんの公衆トイレの使い方を口頭ででもいいので、ぜひチェックしてみてください。もし、汚しても平気なようだったら、お嬢さんは人から粗末に扱われる危険性が大。親として娘の躾を見直す必要があります。

Point 3

女の子の学力は「先行先取り」で、ぐんぐん伸びる！

久しぶりに親戚の男の子に会ったとき、あるいは同窓会などで幼なじみの男の子と再会したとき、「あんなにガキ大将だったのに……」と驚いたことはありませんか？

小さい頃は悪さばかりして勉強なんかちっともしなかった、成績はいつもどん底だったという男の子がポンと一流校に入ったり、有名大学に入ったり、優良企業に入ったりする例には、意外とよく遭遇するものです。

本書のテーマからは若干離れますが、男の子は一四歳ぐらいまで充分に遊んでいるほうが、かえって学力が伸びるもの。つまり、「逆転ホームラン」が期待できるのが男の子なのです。

だから、私は「うちの息子は学校から帰ると、ランドセルを放りだして遊びに行ってしまい、ちっとも勉強しないんです」という悩みを聞くと「それは大いに結構！ ぜひその調子で、いろいろな経験を積ませてください」とお答えしています。

では、女の子はどうでしょう。

女の子も、「小さな頃は遊んでばかりいたけれど、中学生になって勉強を始めたらめきめき成績が上がって、誰もが驚くような一流校に入ってしまった」という、逆転ホームランはあるのでしょうか？

答は、残念ながら「ほぼＮＯ」です。だいたい、「子どもの頃は悪さばかりしていたあの子が、すっかり賢くなって一流企業のキャリアウーマンに」とか、「昔はろくに授業も聞いてなくて、テストではひどい点数しかとっていなかったのに、国立大学に合格した」というような女の子に、出会ったことがありますか？　決して皆無とは申しませんが、このような快挙を成し遂げる女の子は、私の経験上、きわめてまれと言わざるを得ません。

一流大学に合格した子について語るときの枕詞《まくらことば》に、男の子の場合は「（昔からできる子は）やっぱりねえ……」と、「（あんなに成績が悪かった）あの子がねえ……」のふたつがあります。それに対して、女の子の枕詞は「やっぱりねえ」に限られてしまうのです。これはもしかしたら、みなさんも日常的に実感されているのではないでしょうか。

とすると、女の子の学力を伸ばす方法は「小さなうちから、着実に学力をつけていく」ということになります。

また、女の子は男の子に比べてまじめで、コツコツと地道な努力を重ねても苦にならない子が多いという特徴があります。そのため、ある意味で、たとえば毎日コツコツと決まった枚数のプリントやドリルをこなしていくような学習法が向いているとも言えるのです。

この学習法をしていると、常に学校の授業の少し先を行っているわけです。つまり、学校では前に勉強したことばかりをやっていて、「知っている」「わかる」ことを確認するために授業を受けているような状態になるのです。

まるで毎日復習しているようなものですが、自分が勉強したことを一つひとつ確認しながら進めるという作業は、学力を着実にアップさせてくれます。

このように、女の子の学力は「先行逃げ切り型」。小さなうちから勉強を積み重ね、いい成績をとっていた子が、アタマがよくなるものだし、しっかりといい学校への入学を果たしているのです。

このようなお話をすると、「ああ、じゃあもう間に合わないのね」と目の前が暗くなってしまう親御さんもいるかもしれません。でも、子どもに関することで「残念ながらもはや手遅れ」というのは、教育者として、ないものと考えたいと思います。

確かに、小さな頃からコツコツと勉強して積み上げてきた子に、すぐには太刀打ちできないかもしれませんが、それでも今日から「毎日、地道に勉強する」習慣をつけようとしてください。

「そうは言っても、ウチの子は黙っていてやるような子じゃないし」というなら、お母さん自身が毅然《きぜん》とした態度を崩さずに、毎日「勉強しなさい」と言い続けるしかありません。

ヒステリーを起こして声を荒らげたり、「もう知らない！」と途中で放りだしたりしないことが肝心です。子どもに地道な努力をさせたいなら、まずお母さんから地道に努力を重ね、がんばってください。

Point 4 片づけ上手の女の子は、勉強ができるようになる

突然ですが、あなたなら、もし世界史の勉強を始めるとき、何を机の上に出しますか？

「教科書とノートに筆記用具があれば充分でしょ。あ、ラインマーカーは必須よね」とお答えのあなた。どうやら、世界史は年号やらキーワードを丸暗記する詰め込み方式が最善、とお考えのようですね。

確かに、これでもよい点数はとれるかもしれませんが、残念ながらそれでは本当の意味での「学力」は身につきません。なぜなら、本来歴史の学習とは「なぜ？」と繰り返し問い続けることで、奥行きが広がって教養につながっていくものだからです。

そこで、私の考える「世界史の勉強に必要なもの」は、こうなります。

「世界史の教科書と参考書を右側に置き、左側に世界史事典があり、奥のほうに世界史地図帳と世界史年表があり、手元には授業でとったノートと自分なりにまとめたノートがある」という七冊構成。これがベスト。さらに一～二冊の文献資料などがあれば完璧です。まあ今となっては、パソコンかスマホひとつあれば済むことかもしれません。

机が小さくてこんなにたくさん広げられないという場合は、手の届く範囲にこれらのものがすべて収められていて、必要なときにさっと取りだせる状態にしておくことが、世界史を勉強するために不可欠の環境と言えるのです。

ここで大切なのは「必要なときにさっと取りだせる状態にしておく」ことです。「この事件が起きた場所はどこなんだろう」という疑問が浮かんだときに、すぐさま世界史地図帳を取りだしてパッと調べる。場所を確認する。そのときに近隣地域も調べる。さらに、同じ時期にその地域で大きく歴史が動くような出来事がなかったかを調べてみる……。すると、他国で起きた事柄が、今まさに学んでいた事件と密接に関わっていることがわかってくるものです。

世界史の学習に欠かせないのは、このような広い視野を持つことなのです。そして、広い視野を身につけるために欠かせないのは、実は「自分の身の回りをきちんと片づけて、何がどこにあるのかをしっかり把握しておくこと」となります。言ってみれば「細かいことを確実に把握する力」です。

この「細かいことを確実に把握する力」を本来的に持っている可能性が高いのが、女の子と言えます。

男の子のほとんどはいくら言っても、きちっと整頓できないことが多いのです。これは男の子特有の困った性質です。

常々述べていることですが、私は、男女を問わず、子どもに不可欠な能力のひとつに「観察力」があると思っています。しかし、ひとくちに「観察力」と言っても、男の子と女の子では、その内容が大きく違います。

男の子は、動くものや遠くのものを見る力にすぐれています。たとえば、家族でデパートに行って食器を選んでいるとき、食器売り場のはるか向こうにあるおもちゃ売り場を見つけて猛然とダッシュして行ってしまい、迷子になるのが男の子。

これに対して女の子は、膨大な食器の中から自分好みのステキな一枚を見つけだしたり、「丸皿だったら、これが一番いいわよ！」という一枚を見つけだしたりするといったような、近くの大きな動きがないものの観察力にすぐれています。だからこそ、リアルに動きだしたゴキブリや虫が急に視界に現れたとき、男の子より大騒ぎするのだと思います。

夫は美容院に行ったことにも気づかないのに、女友達は前髪を少し切っただけですぐに反応してくれるなど、男女における「観察力」の違いは、日常生活のあちこちで見ることができます。

「細かいところに気づく女・気づかない男」「遠くのものに気づかない女・気づく

男」ということに関して、生物学的に性差が……などという野暮は申し上げませんが、感覚的に確信している方が多いのは、ほぼ間違いないと言っていいのではないでしょうか。

話を子どもの世界に戻すと、男の子は「外に飛びだして行っていろいろなものを発見し、観察し、体験してくる」ものですが、女の子は「家の中で身の回りの小さなことからさまざまなものを発見し、観察し、体験する」ものだと言えます。

静かにしていると思ったら、小さな人形を並べて何やら一生懸命やっていたり、母親のやることをじっと見つめていたり、家事のまねごとをしていたりするのが、女の子というものです。また、こうしたことで女の子ならではの、こまやかな観察力がはぐくまれ、それがやがて学習に結びついていきます。

天気がよくても外に出て遊ぼうとせず、おもちゃの並べ替えや分類ばかりやっている姿を見ると、「こんなに内向的で大丈夫かしら」と思ってしまうかもしれません。でも、女の子なら心配はご無用です。こうした「細かいことを確実に把握する力」から、女の子は「観察力」をつけ、片づける力を養っていくものなのですから。

男の子は、テレビゲームやパソコンゲームをするために家にいます。一方、ほとんどの女の子は家にいても、ゲームを楽しみません。この謎の答えは、女の子が家の中にある身の回りのもので遊ぶのが上手、という習性があるからと思うのは私だけでしょうか。

Point 5 詰め込み・丸暗記学習は百害あって一利なし

おばあちゃんの時代ならいざ知らず、「女の子はいいお嫁さんになるのが大事なんだから、学校の成績が悪くても構わない」と本気で考えている親御さんは、ごく少数になったのではないでしょうか。

男性に交じって社会で活躍する女性が一般的になったことや、ひと頃はニュースだった女性の企業のトップや女性政治家、女性官僚が珍しくもない存在になったのも、旧態依然の女性観が消えつつあることの証明と言えるでしょう。

このように「女性の理想像」が変わっていくにつれて、「女の子も学歴が大切」と考える親御さんが多くなったようです。小さい頃は幼児教室、小学生になってからは進学塾に通わせるなど、厳しい受験態勢に入る女の子の姿は、今では当たり前になりました。今や、賢い女子が頭角を現さないのはナンセンスです。

昔から私立の女子校を目指して中学受験をする女の子は、決して珍しくありませんでした。ただ、その多くは「良妻賢母」を育てることを目標とした、いわゆるお嬢さん校を目指すケースがほとんどです。

しかし、今の女の子が目指すのは、一流大学への進学率が高い進学校。いきおい彼女たちが取り組む受験勉強は、過酷なものになっていかざるを得ません。

さて、ここでひとつ質問をしてみましょう。

偏差値をアップさせ、一流大学への合格をモノにするために有効な学習法とは、なんでしょうか？

辞書の持ち込みＯＫ、記述問題が多く、小論文を重視するという、「わかっていらっしゃる」大学も増えていますが、いまだに偏差値の高い一流大学の多くが「暗記すればするほど合格が近づく」という入試を行っているのは、悩ましい現実です。

となると、一流大学に合格するには、何はなくとも暗記、となってしまうようです。深い意味など考える前に、まず丸暗記。

記憶回路をフル活用して、ひとつでも多くの文法、年号、数式、公式、単語に熟語を詰め込めるだけ脳に叩き込んでいくことが有効になります。

……というようなお話をしていると、「丸暗記・詰め込み学習」をおすすめしているように聞こえるかもしれません。だとしたら、大いなる誤解です。

私は、男女の区別なく、子どもの持っている才能の芽を摘む諸悪の根源は、度を超えた「丸暗記・詰め込み学習」にあると思っています。

子どもは、好奇心の赴くままに行動し、経験を積みながら学んでいくもの。その積み重ねで本当の教養を身につけていくのが、本来あるべき姿だと思います。

「でも、受験に勝つためには、詰め込みと言われようがなんだろうが、暗記は不可欠でしょう。いろいろな経験をするのは、大学に合格してからでいいじゃない」

そんな声が聞こえてきそうですね。しかし、やはり「丸暗記・詰め込み学習は子どもを潰《つぶ》す」ということは経験上、強く主張したいのです。

「学び」の本質は、自ら気づき、考察し、理解し、知識としてインプットすることにあります。ところが、丸暗記・詰め込み学習ではそのような発見・考察・理解というプロセスを経ながら知識を入れていくことは不可能です。時間をかけるより機械的に暗記したほうがより多くの事柄を覚えることができるからです。

それはたとえば、出された料理に対し、産地や調理法などの解説を聞きながら味わい、咀嚼《そしゃく》し、余韻を楽しむ食べ方と、ぎゅっとひとつのかたまりにして飲み込む食べ方を比べるようなもの。どちらが人生を豊かにし、よい体験として刻まれるかは言うまでもありません。

たとえば、自分の資格試験のために専門用語を覚えるのは意味があります。実際に仕事に就いたあとでも、それらは必要な言葉であり、忘れるわけにはいかないからです。しかし、専門分野も決まっていない段階でいたずらに難しい言葉を覚えようとすれば、その行為は子どもの判断力、思考力、感受性を減退させます。

多くの子ども達を見てきた結果から申し上げると、闇雲な暗記は味覚なども減退させてしまうようです。美味しいものを食べても美味しく感じられない……これ以上の不幸があるでしょうか。そして、何を食べても美味しそうな顔をしない女の子に、果たして魅力を感じるでしょうか。

それだけではありません。そうやって無理やり詰め込むように覚えたことは、記憶として定着しづらく、用が終わったら、つまりテストが終わったらそうそうに忘れてしまうことが多いのです。

勉強とは暗記することと思っている親御さんは多いのですが、こうした学習法は害のほうが多いことを、ぜひ肝に銘じていただきたいと思います。

Point 6 「それ知ってる」だけの女の子はバカになる

「豊かでしあわせな人生を約束してくれるのは、趣味と教養である」

これは、私が常々申し上げていることです。趣味の話は後述しますので、ここでは「教養」のお話をしましょう。

みなさんは「教養のある人」と聞くと、どんな人を想像しますか？

「広範囲にわたって、さまざまなことを知っている人」——確かに一理あります。知識と教養は密接なつながりがあり、決して分けることはできません。それは確かなことです。ただ、この「知識」が、実はくせ者なのです。

知識というものは、耳学問だけで身につくものです。極端な話をすれば、テレビかインターネットを使えば、「世界情勢」から「知られざる秘境」「偉人の生涯」まで、ありとあらゆる知識を得ることができます。

「オーケストラを生で聴いたことがなくても、モーツァルトの生涯を知っている」という人は、確かに知識があるかないかで言えば、知識のある人です。しかし、決して「教養がある人」とは言えません。教養人とは、知識だけでなく、知識を裏づける豊富な感性と経験がある人のことだからです。

モーツァルトという人を知っているだけではなく、その音楽を楽しみ、語ることができ、さらに欲を言うなら、演奏もできるような人こそ、「教養がある」と呼ばれるにふさわしいと思いませんか?

ところが、これは高学歴の人に多いのですが、知識と教養を混同している人は残念ながら非常にたくさんいます。

こういう人は「それ知ってる」と言えることは多いけれど、実体験に乏しいというケースがよくあります。たとえば、「サバの味噌《みそ》煮」のつくり方は本やテレビで知っているけれど、実際につくった経験がない、または食べたことがない、というお母さんが、これにあたります。

さまざまな場面で「それ知ってる」と、知識をよく披露する人は、いったんは「よく知ってるわね」「○○さんは物知り」と尊敬されるかもしれません。でも、「あの人、確かにいろんなこと知ってるけど、実は何もできないのよ」という実態がわかってしまったら、どうでしょう。

尊敬から徐々に「口ばかりの人」「頭でっかちの人」と、敬遠されてしまうのは当然のことでしょう。

悲しいことに、本人は周囲からそんな評価を得ているとは気づきません。「それ知ってる」を口にするたびに、みんなが内心「また始まった」とバカにしているとは、夢にも思わないのです。

「このままではいけない、実体験を積まなければ」――こんな自覚ができる機会に出合えれば、その人はしあわせです。

でも残念なことに、周囲から「あの人は知ったかぶり」と思われている人は、自分を顧みる機会に出合える可能性がきわめて低いもの。なぜなら、周囲が「あなたは知ってることは多いけど、何も身についてないわよね」「ところで、何か実際にやったこともあるの？」などと指摘してくることは、まずないからです。

これはなぜでしょう？　正直に言いましょう。「知ったかぶりを見ているのはおもしろいから」です。実際に見たこともやったこともないのに、偉そうに知識を吹《ふい》聴《ちょう》している人を見ると、「まーた始まった」とほかの人たちと目配せし合って、必死に笑いをこらえる……。相手を自分より「バカ」のままにしておく。

どうでしょう、よくある光景だとは思いませんか?

かくて、「知識だけで実践が伴わない人」は、周囲から孤立するうえに、改心して経験を積むチャンスも失われ、いつしか頭でっかちのつまらない人間になっていく……実に恐ろしい構図です。

こうした危険性は、男女を問わず、どんな人もはらんでいるものです。ただ、どうしたものか、男の子の場合は「ウンチク王」などと呼ばれ、知識ばかりでも尊敬される可能性は、決してゼロではありません。

ところが、女の子の場合はどうでしょう。「ウンチク君」同様に「ウンチクちゃん」は尊敬されるでしょうか?

どちらかというと、「また始まった」などと敬遠される可能性のほうが、高いと思いませんか?

親御さんが高学歴なほど、子どもがさまざまな知識を得ることは不可欠だと思いがちです。

でも、とくに女の子の場合、実体験のない知識は、友達にバカにされる機会を増やすだけだということを、忘れてはいけません。

Point 7

女の子の主体性を伸ばすのは「厳しい母親」

子どもが目を覚ませば「早く起きなさい」「早くご飯を食べちゃいなさい」「歯磨きはしたの？」「遅刻するわよ。早く行きなさい」……、子どもが帰ってくれば、「靴は揃えたの？」「手を洗った？」「早く宿題しなさい」……などなど、考えてみたら、一日じゅう子どもに命令したり、叱ってばかりいる、とお悩みのお母さんは、きっと多いことでしょう。

もっと穏やかで優しく、決してガミガミ言ったりしない母親でありたい――おそらく、ほとんどの方がそう思っているのではないでしょうか。

ガミガミと子どもを叱ってしまうことに悩んでいる親御さんの思いは、きっとひとつ。「こんなふうに叱ってばかりいると、子どもに悪影響があるのではないか」ですよね。

もし、あなたのお子さんが男の子なら、「その通り。頭ごなしに同じことで叱り続けるのは逆効果！　子どもにとって、いい影響はまずありません」とお答えするところです。

でも、相手が女の子なら、話は別。

「大いに結構。ぜひ厳しく接してください」と、誤解を恐れずに申し上げたいと思います。とはいえ、単に叱るのではありません。甘やかさない。やや厳しく躾ける。我が娘が常にしっかりしているように仕向けることです。

人間は、「しっかりする力」と「リラックスする力」の両方にすぐれる必要があると思います。言うまでもなく、しっかりすることは意識的で、リラックスすることは無意識的です。両者のメリハリがくっきりしている人間を「有能」というのだと思います。

そして、「しっかりする力」は子どものときに、周囲の誰かによって習慣化されるものだと思います。とくに、室内で母親のそばにいる傾向の強い女の子には、お手伝いを通じて、しっかりする習慣をつけてやることができます。

そうして身についた習慣は、あとで親に対する深い感謝をもたらすものです。みなさんにもご経験があることでしょう。

「かわいい子には旅をさせよ」

これは、かつての、男の子を甘やかさないための教訓でした。

「獅子は児を谷に落として鍛える」

なんて、今なら「虐待では？」と問題にされちゃいそうなものまでありました。

私は、女の子用に、いささか平凡ながら、この言葉を贈りたいと思います。

「かわいい子には厳しい躾をせよ」

自分で判断し、行動できる主体性のある子ども——親が望むわが子の姿は、このことに尽きるでしょう。

では、その主体性をどう身につけさせたらいいのか。これは大きな問題です。

好奇心の赴くままに行動する男の子にとって、主体性とは言わば「いつの間にか身についているもの」です。そんな男の子に、あれこれとガミガミ言いつけても「またうるさいこと言ってるよ」で終わる聞き流し上手になるか、あるいは親に押さえつけられて好奇心や行動力を奪われてしまう無気力男子になるか、このどちらかです。いずれにしろ、いいことはほとんどありません。

これに対して女の子は、「見よう見まねで学びながら、徐々に主体性を身につけていく」といったところがあります。だからこそ、次になすべき行動を指示し、導いていくのはとても大切なことです。

「食事中は正しい姿勢で」「挨拶は相手の目を見て元気よく」という躾から、「脱いだものはきちんと畳んで」「食事が終わったらキッチンまで食器を運んで」という家事の手伝い、「学校でもらったプリントは帰宅したらすぐに出す」「食事前に宿題を終わらせる」「予習・復習はきちんとやる」という勉強のことまで、いちいち厳しく言って構いません。

こうして「言いつけ」を守らせているうちに、次第に言われなくても自分からやるようになります。そういう主体性を身につけていくのが、女の子なのですから。

さて、そこで問題となるのが「厳しさの質」です。

長年、多くの親御さんを拝見してきた私は、「厳しい母親」には、ふたつのタイプがあると実感しております。

まずひとつが、「しっかり母」

家事はパーフェクト、近所づきあいやＰＴＡ活動もそつなくこなす親御さんが、これにあたります。

こうした方は、非常に厳しく娘を躾けることができます。しかも、命令口調にならず、「今、宿題をやっておかないと、困ったことになるんじゃないかしら」などと、理路整然と教え諭しながら、子どもを導ける姿は模範的であり、理想的とも言えるでしょう。

そしてもうひとつが、「自分勝手な暴君母」

子どものためというよりも、自分の都合で次々と用事を言いつける親が、これにあたります。

たとえば、子どもが何をしていようとお構いなしに「ちょっと、テーブル片づけておいて！」と有無を言わさず命令したり、自分の手があいていないという理由で「ゴミの日だから、ゴミまとめて出してちょうだい」と命じたり、やみくもに「勉強したの？　宿題はやったの？　早くやりなさい！」ときつく言うような、とても民主的とは言えない厳しさを発揮するような母親……。実は、こちらのほうが身に覚えがある方が多いのではないでしょうか。

こうして並べると、「前者のように理論的に子どもを導くのは○、口やかましく言うだけの後者は×」と思われるかもしれませんね。

ところが、女の子を育てる場合においては、両者とも「○」なのです（ご注意いただきたいのですが、男の子の場合は別。後者のように理屈もなく頭から命令するような導き方は、やってはなりません）。

女の子を育てる場合、とくに小さいうちは「指示を出して従わせる」というのが、よい習慣を身につけるためには必要なことです。指示の出し方の優劣はあまりありません。

ただ、注意していただきたいのは、いくら女の子が親の指示によく従うからといって、理不尽な要求をしてはいけません。

「バーゲンに行きたいから、あなたは勉強しながら留守番してなさい」「今夜、お母さんは出掛けるから、弟と適当にご飯食べてちょうだい。宿題はきちんとやるのよ」……こんな親でいいわけがないのは、この本を読んでくださっているみなさんなら、おわかりになるのは言うまでもありませんよね。

これは蛇足かもしれませんが、女性の最大の魅力である「美しさへの感受性」は、この躾からくる「こんなことでは自分が低く見られる。もっとキチンとしなければ」

という緊張感をベースにつくられる面もあるのではないでしょうか。

きちっとした着こなし、きちっとした化粧、きちっとした立ち居振る舞い。もちろん、個々の人にとって、その演出は異なります。でも、こういった人間的要素が整ってこそ、女性の本当の美しさが現れることも多いのではないでしょうか。

そこには男性が想像することもできない高いレベルの「感受性」のきらめきがあるのです。

男性の精神的な高まりは、「なんだか知りたい。はっきりさせたい」と疑問を解明する行動に走り、その経験をした結果、出てくる創造的知性に現れるものです。それに対し、女性の感受性の高さは、周囲の者への心づかいを基本とする、日常的に自分を律するという習慣からもたらされる、と言ってよいのではないでしょうか。

Point 8 女の子の国語力は「おしゃべり」で鍛えられる

すべての学習能力の基礎になるものは、なんでしょう？　これは誰がなんと言おうと、「国語力」で決まりです。「言語了解能力」と言ったほうがわかりやすいかもしれません。

その理由はいたって簡単、「すべての教科書、参考書、文献資料、そして試験問題は、ごく一部の例外を除いて、日本語という言語で記述してあるから」です。

どんなに計算能力にすぐれていようと、暗記力があろうと、文章を読んで理解し、自分なりの考えを的確に文章化する「国語力」がなければ、なんにもなりません。

同様に、どんなに空想力があっても、それを人に言葉で説明できなければ、ただ単に「妄想力」が強かっただけになってしまいます。だからこそ、私は子どもの教育において、国語教育にもっと重点が置かれるべきだ、と主張しているのです。

さて、男の子と女の子を比較した場合、国語力がすぐれているのはどちらでしょうか？

結論を先に言えば、圧倒的に女の子だと言うことができます。どうしてなのでしょう……。

小さな頃から外で遊び回ることが多い男の子に対して、家で遊ぶことの多い女の子のほうが、本を読む時間が長いからでしょうか。それも一理あります。しかし、それ以上に女の子の国語力を決定づけるものがあります。

それこそが、「おしゃべり」です。

最近はおしゃべりな男も増えましたが、男性と女性のどちらがおしゃべりかというと、やはりこれは女性の圧倒的勝利と言っていいでしょう。なかには自分が言いたいことだけを一方的にしゃべって、相手の話をまったく聞かないという困った方もおられますが（ハハッ、これは男性のほうが多いかも）。

多くの女性は、何気ないおしゃべりの中から、相手の顔色を読んで言葉にならない真意をくみ取ったり、相手が興味を持っているかどうかを察して話題を変えたりするなど、男性からすれば、高度な会話技術に長けていると言えます。

この会話技術は、一朝一夕に身につくものではありません。女性は幼少時代の「ねえねえ、お母さん」に始まる〝おしゃべりの歴史〟の中で、絶えず会話技術を磨き続けているのです。

そもそも、男性の私から見れば、少なくとも日本語圏においては、女性のほうが聴覚的聞き取りにすぐれていると言えます。つまり、男より女のほうが、耳がよいようなのです。耳のよさというのは会話技術を磨くうえで、とても有利に働きます。

なぜなら、会話は相手が言っていることがわかるからこそ、成り立つものだからです。外国語だって、たとえ自分の言いたいことが言えても、相手の言っていることがわからなければ、会話にはならないでしょう。

女の子は耳がいいぶん、すぐに言葉のキャッチボールができるようになるわけです。このようにして、小さな頃から会話技術を磨いている子は、国語力がつきやすくなります。なぜなら、「国語力」がつくということは、言語を通じての了解能力がつくということだからです。

女の子のおしゃべりは、大人が考える以上に大切なことなのです。

でも残念なことに、なかには女の子のおしゃべり力を摘み取ってしまう家族がいるのも、事実です。その第一は、「食事中は余計なことをしゃべるんじゃない！」と雷を落とすような封建的なお父さん、もしくはおじいちゃん。

その次は、「疲れているから、あとでね」と言って、せっかくのおしゃべりを途中で止めてしまう慢性疲労症候群のお父さん。

そして最後は、おしゃべり下手なお母さんです。

なかでも一番困るのが、一日のうちでもっとも長い時間を一緒に過ごすお母さんが、おしゃべり下手なケースではないでしょうか。

「おしゃべり下手」とひと言でまとめても、そこにはさまざまな例があります。まずは、無口であまり会話をしない方。この場合は、自分がしゃべらなくても、「ふんふん」「それで?」などと相づちを打ちながら、娘のおしゃべりを引きだす「聞き上手」になれば大丈夫です。

それよりも困るのが「言葉の力が足りないお母さん」だと言えます。「言葉の力が足りない」と言うと、少しわかりにくいかもしれませんが、簡単に言えば「短い文章でしか話さない」ということです。

たとえば、家庭科で使う生地を買うため、今度の日曜は近くにある洋裁店に行こう、という予定を娘に伝えるとします。こんなとき、言葉の力が足りないお母さんは「日曜、渋谷に行こう」とだけ伝えてしまいがちです。そして、娘が「どこ?」と聞くと「洋裁店」。「何買うの?」「布」……。これはおしゃべりでもなければ、会話でもありません。

日本語とは「。」(句点)で終わらせなくても、「、」(読点)で延々と文章を続けることができる便利な言語です。

おしゃべりがうまくない人は、この日本語ならではの特性を大いに活用しようとするべきです。たとえば、先ほどの例で言うなら、こんな具合になります。

「今度の日曜、渋谷に行って、洋裁店で、家庭科で使う生地と、ほかに必要ないろいろなものを買おうと思うんだけど、そのとき、ついでにお父さんの下着も買って、おばあちゃんに贈るプレゼントも選ぼうかと思うんだけど、あなたの都合はどうかしら?」

こうした長い会話は、食事中にも心がけてほしいと思います。

たとえば、食事中、しょうゆを取ってほしいときに「おしょうゆ」とだけ言ってはいませんか? そうではなくて、「ちょっと、そこにあるおしょうゆ、取ってくれる?」と言うのです。料理の味付けを聞くときも、「お味噌汁《みそ》、どう?」ではなく、「ちょっと味噌を替えてみたんだけど、お味噌汁の味、濃くなかった?」と聞くようにします。

食事中に学校の話をするときも、「新しい先生、どう?」ではなく、「今度の先生、厳しいって聞いてるけど、二年生のときの先生に比べて厳しくなったと思う?」と聞くのです。

そして、娘が答え始めたら、どんなにまわりくどい説明でも、話題が横道にそれても、「ふーん」「そうなんだ」「それから？」などと相づちを打って、おしゃべりを止めず、話が終わるまで聞いてやることが大切です。

動物に芸を仕込むときの忍耐を思えば、わが子に言葉の練習をさせるのははるかに楽しいことであるはずです。だいいち動物なら、そもそもしゃべるようにさせるのが無理です。

こうしたおしゃべりから、子どもは知らず知らずのうちに「要領のいい説明の仕方」を身につけていきます。

そして、この力は「自分の思いを具体的な言葉にする能力」をはぐくみ、すべての学力の基礎となる「国語力」を大いに伸ばしてくれるのです。

Point 9 あの子はなんでできるのか？——海外帰国子女

「ガリ勉」という言葉は、もはや死語かもしれませんが、今の時代でも「わき目もふらず猛勉強し、人間的な魅力に著しく欠ける人」というのは存在します。とくに女の子の場合、いくら成績がよくても、このような評価を得ているようではまずいだろうと思うのは、きっと私だけではないでしょう。

やはり目指したいのは、「ガリ勉しているわけではないのに、なぜかあの子はできる」という姿です。

さて、ここからの項では、実際にいる「ガリ勉しているわけではないのに、できる子たち」の秘密を、いくつかの例に分けて説明していきます。あなたのお子さんも参考にできることが、きっとあるはずです。


「ガリ勉しているわけではないのに、なぜかできる子」と言えば、なんと言っても帰国子女です。「帰国子女が英語の成績がいいのは当たり前じゃない！」とお怒りの方、ちょっとお待ちください。私はなにも「帰国子女は英語ができる」などという当たり前のことを申し上げるつもりはまったくありません。

帰国子女の特徴は、何はさておき「自分で考える習慣」「自分の意見をきちんと主張できる力」、そして「コミュニケーション能力の高さ」にあります。

外国映画でもおなじみですが、海外では教師が生徒に対して「君はどう思う？」と、意見を述べさせる場面が非常に多くあります。

また、生徒どうしでディスカッションをさせたり、ディベートをさせたりする授業が多いのも、知識の一方通行しかやっていない日本との大きな違いです。

このような授業で培われるのが、前述の「自分で考える習慣」「自分の意見をきちんと主張できる力」なのです。

自分で考え、自己主張できる——すなわち、主体的に動く習慣がついているということ。これは、いい成績をコンスタントにとることや、志望校に合格する以上の意味があります。

最近、一流大学に進学したものの、自分で研究テーマを見つけられず、教授に手取り足取り導いてもらうのを待っている「指示待ち学生」が多くなり、教育の現場で問題になっているのをご存じでしょうか。

これらの例は、厳しいようですが、彼女たちが丸暗記・詰め込み式の勉強ばかりやって、自分で考え、判断し、主張する力を身につけてこなかったことに原因があるように思えてなりません。

もうひとつ見逃せないのが、帰国子女たちが自然と身につけている「コミュニケーション能力」です。これは、日本の中高生の多くに欠けている部分と言えるのではないでしょうか。

自殺や学校側の対応などで世間を大いに騒がせていますが、小学校から高校までに蔓延《まんえん》している悩ましい問題に「いじめ」があります。

「他人が嫌がることを平気ですることができる人間は、究極アタマが悪い」というのは私の持論ですが、いじめは、自分の不快を他者にぶつけて、その憂さを晴らそうという、人間として最低の行為のひとつです。この考えにはきっと、みなさんも賛同していただけるでしょう。

自分たちとちょっと違うというだけで、排斥せずにいられない許容力の小ささ、少しの失敗をからかっておもしろがる包容力のなさ……こうしたことが頻発しがちなのは、小学校中学年までです。高校生にもなって、なんの疑いもなくいじめをするような子どもに、明るい未来が拓けるはずはありません。

また、学年が上がってからも愚かなことをし続けていたことは、やがてその人間が必ず後悔することになるはずです。

私は、この自己の知能と人間性を劣化させるいじめの原因の根っこには、「コミュニケーション能力のなさ」があるように思うのです。

私たち日本人は島国に生まれ育ったせいか、「言わなくても通じ合える」と思い込みがちです。そのため、意見が違う人や理解しにくい人と出会うと、相手をわかろうとする努力をする前に、「和を乱すヤツ」「空気の読めないヤツ」というレッテルを貼って排斥したり、存在を無視しようとする傾向があります。

これが、いじめの正体のひとつです。「和」の思想の双子の弟です。

これに対して、とくに欧米人および欧米からの帰国子女は、自分の主張を伝えつつも相手の主張を聞くという話し合いの習慣が、上手に身についています。そして、異なった考え方も、自分なりに考えて、できるだけ受け入れようとします。

このことで鍛えられるのが、「理論立てて物事を考え、組み立てる」という論理性です。

この論理性というのは、知性の基礎のひとつとなるものであり、勉強ができる・できない以前に、アタマのよさを決定づけるものと言えます。

帰国子女にアタマのいい子が多い理由は、もうご理解いただけましたね。自分の意見をしっかりと持ち、自己主張でき、コミュニケーション能力と論理性を持っているからこそ、彼女たちは「アタマがいい」のです。

とはいえ、「娘のアタマをよくしたかったら、今すぐ海外の学校に入れなさい」と言うつもりは毛頭ありません。

日常生活の中で、「自己主張」「コミュニケーション能力」「論理性」を身につける訓練をすればいいのです。

何やら難しそうに聞こえますが、話は簡単、あらゆる場面で「あなたはどうしたい？」「あなたはどう思う？」と聞けばいいだけです。

とはいえ、いくら子どもが自分の意見を言ったからといって、全面的に聞き入れる必要はありません。「あなたはそう思うのね。でも、お母さんはこう思うのだけど」と、どんどん反論してください。そして、お互いが納得するところに着地するまで、話し合うことです。

意見が違う人をどうやって受け入れればいいか。譲るべきところと徹底的に主張すべきところの境界線はどこか。お互いが気持ちよく折り合えるためには、どうすべきか……。このように、親が意識的に「あなたはどう思う？　私はこう思う」とやりとりするうちに、しっかりとしたコミュニケーション能力がある女の子が育つはずです。

Point 10

あの子はなんでできるのか？——おばあちゃんっ子

核家族化が進み、うちにおじいちゃんやおばあちゃんがいる子は、ひと頃よりも少なくなりました。それでも、お母さんが働いている場合は、育児のサポートをしてもらうため、姑《しゅうとめ》ではなく自分の母親と同居するケースは、よくあるようです。そして、こうした家庭の子は、勉強ができるケースがとても多いのです。

これは何も、「お母さんが働いている」ことが条件なのではありません。それよりもむしろ、「おばあちゃんと同居していて、娘は大変なおばあちゃんっ子」が、学力を上げる要因になっているのです。

これはなぜなのかを考える前に、「おばあちゃん、それも母方の祖母」が同居するメリットを考えてみましょう。

まず、母方の祖母が同居するメリットは「母親がラク」になることにあります。なんだ、子どもに対するメリットじゃなかったの？　とお思いの方もいるでしょうが、「母親がラク」ということが、子どもにどれほどよい影響を与えるのか、考えてみてください。

子育て主婦業は、常に時間に追われています。朝起きたら、てきぱきと朝食を準備し、洗濯や掃除をしなければなりません。家計簿をつけたり、お礼状などの手紙を書いたりもします。庭があれば、その手入れだってしなければなりません。

しかも、ぐずぐずする子どもをせかしたり、宿題などないか点検してやり、勉強するよう促したり、まさに一日中気を抜く暇など、どこにもありません。

ましてや仕事をしている人は、家事に割ける時間が少ないため、まさに目が回りそうな忙しさでしょう。

「もっとじっくり子どもと接していたい、ゆっくり話を聞いてあげたい」と思っている人は、たくさんいます。でも、次から次へとこなさなければならない家事があると、なかなか思うようにはなりません。

こんなとき、自分の母親がいたら、どうでしょう。姑には頼みにくいことも、実母にならすんなり頼むことができます。家事を分担できるだけでも、ずいぶんラクになります。子どもにも、ゆっくり接する時間ができます。そう思いませんか。

これが第一のメリットです。

次のメリットは、「おばあちゃんは孫に甘い」ということです。

欲しがるものをなんでも買い与えたり、お小遣いをどんどんあげたりしてしまうような、愚かな甘さは困ります。でも、どんな話も聞いてくれる、かわいがってくれる、どんなときも味方になってくれる……つまり、自分の存在を丸ごと受け止めてくれるという甘さは、子どもにとって大きな安らぎになります。

もちろん、お母さんだって子どもの話を聞き、かわいがり、味方になっています。ただ、母親は子どもの成長のために、ときには心を鬼にして厳しく接することの必要性も知っています。

おばあちゃんには、これがないのです。ひたすら甘く、優しいのです。

とくに女の子にとって、安らぎは、自信を持った行動につながります。安らぎをもたらしてくれる人が身近にいることで、子どもの心は安定するため、勉強もできるようになります。

以上ふたつの点は、男女に関わりなく、おばあちゃんがもたらすメリットです。早い話が、母方のおばあちゃんがいることで、母親も子どもも精神的な余裕や安らぎがもたらされ、それがよい結果を生むということにほかなりません。

そして、もうひとつ、とくに女の子に有効なメリットがあります。

それは、「おばあちゃんはいろいろなことを知っていて、やらせてくれる」ということです。

たとえば、近所でよもぎを摘んできて草餅をつくる。浴衣の着方や帯の結び方、畳み方を教えてくれる。煮物のつくり方を教えてくれる。昔ながらの遊びを教えてくれる。家庭科の宿題を手伝ってくれる……。まさに「おばあちゃんの知恵袋」的なことが、女の子にとっては好奇心をかきたてられ、さまざまな経験を積ませてくれるものです。

これも後述しますが、女の子にとって、家庭的な体験を積み重ねていくのは、良妻賢母な子に育つこと以上に大きな意味があります。どんな将来を目指すにしろ、非常に大切です。アタマがいい娘にするためには、家庭的な体験はぜひともさせなければならないものなのです。

それをごく自然な形で、しかも知恵の伝承さえしてくれるおばあちゃんは、女の子の成長に大きな価値をもたらしてくれるものです。

これまで述べてきたような役割をきちんと果たしてくれるおばあちゃんは、孫に好かれていて、孫は必ず「おばあちゃんっ子」に育っているはずです。

おばあちゃんっ子はアタマがいいというのは、つまり、家庭環境が穏やかに落ち着き、日常的に探い愛情を実感して、生活の中でさまざまな体験を積み上げている、ということにほかなりません。

実際には、おばあちゃんと同居できないお母さんにとって、このようなおばあちゃんの役割を、母親業をこなしながら演じることは、現実にはなかなか大変なことでしょう。でも、その苦労が子どもに与える影響は、非常に大きいのも確かです。この困難な兼業に挑戦してみる価値は、きっとあるはず。ぜひチャレンジしてみることを、心よりおすすめいたします。

Point 11 あの子はなんでできるのか？——医者の娘

「お医者の娘はアタマがいい」——こんなことを申し上げると、「そんなの、当たり前じゃない！」と、いっせいに反論されてしまいそうですね。

しかし、みなさんが考える理由は、「かえるの子はかえる。アタマのいい親から生まれたのだから、娘もアタマがいいのは当たり前」「医者は金持ちだから、娘の教育費に充分なお金をかけられるんでしょう？　アタマがよくなるに決まってるじゃない」のふたつではありませんか？

このふたつの理由のうち、後者については否定しきれません。しかし、前者の「知能は遺伝する」という意見については、賛成できません。

知能とは、先天的に決まっているものではありません。あくまでも、後天的なものです。この世に生まれてからさまざまな経験を積み、学んでいった者が高い知能が得られるのです。このことはぜひ広く、みなさんに知っていただきたいと考えています。

話を戻しましょう。では、なぜ医者の娘はアタマがいいのでしょうか。

これは、「学び、成長・進化（深化）し続ける父親の姿を常日頃から見て、尊敬の念を持っている」からにほかなりません。

なかには、製薬会社の接待を毎晩受けていたり、医師会を口実に飲んでばかりというような医者もいるようですが、基本的に医者という職業には、常に新しい医学情報を吸収し、学んでいこうとする姿勢があるものです。よく本を読むし、論文を書いていたりもします。子どもは、そんな親の姿を日頃から見ていて、「うちのお父さんはよく勉強している」と実感しているのです。

また、とくに開業医の場合は、父親が働く姿を日常的に見ることができるうえ、父親が多くの人から「先生」と呼ばれ、敬われていることも実感できます。

この結果生まれる感情は「うちのお父さんはすごい」という尊敬の念。さらに、医者は自分自身が、厳しい受験をくぐり抜けた経験があるため、子どもの勉強もある程度は見てやれます。たとえ、子どもからありとあらゆる分野の質問が出ても、わりとスムーズに答えられるのです。かくて、ますます子どもは「うちのお父さんはすごい」という思いを強くしていきます。

男の子ならばほとんどの場合、父親は「乗り越える目標」であるものですが、女の子にとっては「理想の男性」のモデル像です。

家庭で学び、進化し続ける親の姿を見て育ち、しかも親を尊敬している……。こんなふうに育った子どもは、アタマがよくなる確率が非常に高いと言わざるを得ません。

こういう話をすると、「うちの旦那にはとっても無理！」とさじを投げるお母さんや、「医者じゃないし、できるはずがない」と諦めてしまうお父さんが、続出しそうですね。

ここで、よく考えてみてください。娘に尊敬される親は、医者という職業に就いた者だけなのでしょうか？

私は、そうではないと思います。確かに、他人から「先生」と呼ばれる職業は、子どもにもわかりやすいため、尊敬もされやすいかもしれません。しかし、「先生」と呼ばれなくても、娘に尊敬される父親でいようと努力することは、きわめて大きな意味を持ちます。

たとえば、ベストセラーばかりでなく、たくさんの本を読み、読書する姿を子どもに見せたり、音楽や絵画など芸術的な趣味を持つのもいいでしょう。

大事なのは、「何かに取り組んでいる姿」を子どもに見せること。さらに、「何かに取り組むうち、進化していく姿」も見せることができれば、言うことはありません。

それに比べて「うちのお父さんは家にいると、パンツいっちょうでビールを飲んでばかりいる」などと言われてしまうようでは、娘の尊敬を勝ち取ることなどできるはずはないでしょう。

何も毎日きちんとして本を読んでいろ、と申し上げるつもりはありません。それで家にいるのが息苦しくなったり、苦痛になったりするようでは、それこそ本末転倒です。

「うちのお父さんはいつもパンツいっちょうでビールを飲んでばかりだけど、よく本を読むし、おもしろい本を教えてくれる」とか、「家で何かが壊れると、いつもお父さんが直してくれる」とか、「お父さんはすごい！」と思わせるようなことをするように、夫に少しだけお願いしてみませんか。

子どものアタマがよくなるだけでなく、お父さん自身の人生も、きっと豊かにしてくれるはずです。

Point 12 あの子はなんでできるのか？——三歳までの幼児教育

「幼児教育」と聞いて、頭に浮かぶものはなんですか？　たぶん、多くの人が思い浮かべるのは、「幼児教室」に代表されるような、小学校受験を目指す子どもが通う塾ではないでしょうか。

絵を描いたり、音楽に合わせてカラダを動かしたり、外国人の先生がいて英語を学んだり、お行儀を習ったり……。このような幼児教育を売りにした幼稚園や学習塾は、大人気のようですね。

そういう「お受験対策」のスクールや幼稚園に行かなければ、幼児教育を受けたことにならないと考えているのだとしたら、それは残念なことです。

私は、子どもは三歳までにすぐれた幼児教育を受けるべきだ、と考えています。

しかしそれは、子どもをいい幼稚園に入れろとか、幼児教室に入れろとかいう意味ではありません。実際のところ、よい幼児教育とは、親にしか与えることのできないものです。

なぜなら、そもそも幼児教育とは、「子どもが本来持っている力を存分に発揮させてやること」にほかならないからです。

では、「子どもが本来持っている力」とは、なんなのでしょう。これは、男の子と女の子では大きく異なります。男の子が本来持っているのは「好奇心」であり、「ちょこまか動かずにいられない力」です。一方、女の子が本来持っているのは「感受性」であり、「きれいなものを見つけ、いとおしむ力」だ、と私は思うのです。

女の子をお持ちのみなさんは、日常的にお気づきのことでしょうが、女の子は小さな頃から「ステキなもの」を実によく見つけるものです。

たとえば、道端に咲いている小さな花を見つけて、「かわいい！」としゃがみ込んでみたり、水たまりに油の膜が張っているのを見つけては「虹みたい」と言ってみたり、庭に咲いた花に「こんにちは」と話しかけたり……。女の子の数だけ「ステキ」があるのかもしれません。

このように、女の子というものは、つい見過ごしてしまうようなささいなものや出来事を目ざとく見つけては、目をキラキラ輝かせたり、うっとりしたりするものです。

女の子向けのアニメで、主人公が何かにうっとりしたとき、突然目に星を宿らせ、背景には花が飛び散り、ロマンチックな音楽が流れだす演出はおなじみのものですが、あれこそが「女の子ならでは」の世界だと言えるかもしれません。

たとえば、子どもはだんご虫が大好きですが、男の子が「どこまで小さく丸まるんだろう」という好奇心を発揮させて、指先でくるくる丸めたあげくつぶしてしまったりするのに対して、女の子は「か〜わいい！」と言って手のひらに乗せ、ちょこちょこ歩く姿をうっとり眺めたりするものです。

この「うっとり・キラキラ」する力こそ、女の子が本来持っている「感受性」の源です。小さな頃から豊かな感受性をはぐくみ、さらに感受性がつぶされることなく成長した子は、すぐれた感受性をベースに、どんな教科でも吸収力が強く、結果的に優秀な成績をおさめるようになります。しかも、気質の優しい女の子に育つのです。

ところが、ただ慌ただしい日々を送っている大人にとって、女の子特有の「ステキ〜」「かわいい〜」につきあうのは、なかなか根気のいることです。だからといって投げ出すことなく、三歳くらいの小さな頃まではしっかり女の子特有の「うっとり・キラキラ」につきあってやり、「本当だね」「こっちも見てごらん」とさらに世界を広げてあげてください。これこそ、女の子の感受性を豊かにはぐくんでくれる、真の幼児教育だ、と私は考えています。

さて、あなたはどうでしょう？　子どもが小さい頃、道端の花を見つけてうっとり立ち止まる娘につきあってやりましたか？　突然始まる空想の物語に、耳を傾けてあげましたか？

もしそうしてこなかったなら、あるいは「バカなこと言ってるんじゃないの！」

などと否定してきたのなら、おそらく気持ちに余裕がなかったのでしょうが、大変残念なことと言わざるを得ません。

ただ、物事に「手遅れ」はありません。今からでも「女の子ならではの感受性」をはぐくむ教育を、意識するようにしてください。いきなりモーツァルトを聴かせたり、美術館に連れて行ったりするなどの無理やりな情操教育をするのではなく、一緒に夕焼けを見て「きれいだね」と言ったり、花を育てて「かわいいね」と楽しむことから始めるのが一番です。

子どものためだけでなく、親自身が心の余裕を取り戻すために、ぜひおすすめしたいと思います。

Point 13

あの子はなんでできるのか?——親子揃って読書家

これは古今東西にわたる真実なのですが、結局、よい本を読むこと以上の勉強法は存在しません。本を読むことの積み重ねが、知能向上の要です。

とくに男の子の親御さんが犯しがちな間違いなのですが、勉強の最終目標を「一流大学に入ること」、あるいは「一流企業に就職するか、官僚になること」に置きがちです。

女の子の親御さんでは、ここまで「一流大学、一流企業、高級官僚」にこだわる方は少数ですし、「なにがなんでも東大へ」という方も少数派でしょう。でも、男女雇用機会均等法が施行されて以降、「女の子も学歴が大事。だからこそ、よりよい大学へ」と、親子揃って過酷な受験勉強に取り組むケースも多くなってきました。それどころか、いよいよ男の子を追い抜きつつあるのが、今の女の子かもしれません。

そのため、小さな頃から学習塾に通わせ、志望校の入試問題の傾向に合わせた勉強をして、ただ暗記に明け暮れる……。遊びもせずに、こんな日々を送ってきた子がどうなるか、みなさんはご存じなのでしょうか?

見事に志望する一流校に入ったものの、周囲となじめずに孤立して引きこもりになってしまう子、「勉強ができる自分は偉い」と思い込んで権威主義者になってしまう子、大学に入ったとたんに目標を見失って無気力になってしまう子、はたまた受験勉強で抑圧された恨みを爆発させて家庭内暴力に走る子……などなど、とても社会に役立ちそうにない人間に育ってしまった例を、私は数限りなく見てきました。

それでも、まだ志望校に合格できればいいでしょう。幼少期と思春期のすべてを勉強、それも丸暗記・詰め込み学習にささげてきたというのに、結果が不合格だったとなったら……。自分がしてきたことがまったく無駄だったと知ったときの、まるでひと晩で全財産を失ったかのような深い絶望感を、すべての受験生を持つ親御さんは、もっとリアルに想像するべきではないでしょうか。

だからこそ、「志望校には受からなかったけれど、多くのことを学んで教養がついた」という満足感が得られるような学習法をとるべきだ、と私は考えます。

そして、まさに「より多くのことが学べ、教養がつく勉強法」こそが、良質の本をたくさん読むことなのです。

本を読むといっても、「今話題のベストセラー」ばかりを読んでいるのでは、残念ながらさほど意味がありません。やはり、一〇〇年以上前から読み継がれている古典や名作こそが、教養をはぐくんでくれます。

本の魅力と言うと、「さまざまなことを知ることができる」と答える方が多いことでしょう。それも正解のひとつです。でも、それ以上に「本が空想力をはぐくんでくれる」ということを挙げたいと思います。これは、本と映画を比べてみると、よく理解できると思います。

今まで、数多くの名著が映画化されてきたのは、みなさんもご存じの通りです。最近では、最新ベストセラーから古典と言われる作品まで、数多くのファンタジー小説が映画化されています。原作が有名であればあるほど、監督は物語の世界観を崩さないよう細心の注意を払いながら、原作に忠実に映画化しています。それでも原作を読み、愛していた人ほど、映像化された作品に愛着を覚えないものです。

本を読むとき、私たちは自由に作品世界を思い描いています。主人公の顔から街の様子、風景、ときには香りや味まで、広がる空想には果てがありません。だからこそ、本を読んだ人が、思わず映画にしたくなってしまうのでしょう。

ところが、これが映画になってしまうと、空想の入る余地はほとんどありません。ともすると、ただ物語を追うだけになってしまいます（まあ、まったく別の新しい作品と思って味わえば問題ないのでしょうが）。

本を読む時間、私たちはいっとき現実を忘れ、自由な空想の世界に遊ぶことができます。その時間の素晴らしさは、本を読むことでしか得られず、また本を読んで空想する力は、「感受性」や「創造力」「好奇心」の原動力にもなってくれます。

「本を読む時間がもったいないから、映画で」という考え方は、古典や名作のあらすじだけ読んで理解した気になっているのと同じです。ストーリーを知ることよりも作品世界を味わい、空想し、楽しむ喜びは、子どもの頃から読書を習慣にしていないと、身につかないものなのです。

そして、もうひとつ重要なのは、「本を読まない親から、読書家の子どもは育たない」ということ。

いくら口をすっぱくして「本を読むのはいいことなんだから、たくさん本を読みなさい！」と言っても、親が本を読んで楽しんでいる姿を見たことがなければ、読書は退屈な暗記学習と同じになってしまいます。

現に、アタマのいいお子さんはよく本を読みますし、本をよく読む子の親は、それ以上に本を読んでいるものです。本棚に古典的名作がずらりと並んでいて、そのすべてがしっかり読み込まれた形跡のあるお宅のお子さんに、優秀なお子さんが多かったというのは、長年多くの子どもを指導し、たくさんの親御さんとお話ししてきた私自身の実感です。

子どもに本を読む習慣をつけることは、あなたの孫にも、そのまた孫にも、その習慣をつけることだと思ってください。

ですから、声を大にして申し上げたいのは「子どもによい本をたくさん読ませましょう」と言う以前に、「お父さんもお母さんも、よい本をたくさん読むようにしてください」ということになります。

Point 14

あの子はなんでできるのか？――意外とちゃっかりしている

私は、長年にわたって受験指導を通じて多くの子どもたちに接してきました。その実感から申し上げると、公立中学校の教師の質は、年々低下していると言わざるを得ません。

もちろん、優秀な先生がおられる学校もあります。でも、そのような先生方が、どんどん少なくなっているのが現実です。子どもたちから学校の話を聞くたびに、「はあっ⁉」と言いたくなるようなことばかり。まともな感性の持ち主なら、「もうやってらんない！」と言いたくなるのは、無理からぬことだとつくづく思います。

たとえば、こんな話を聞きました。みなさんは「凍り鬼」というものをご存じですか？「凍り鬼」というのは、鬼ごっこのアレンジ版のようなもので、鬼につかまった子どもは、一定時間「凍って動けなくなる」というルールがある遊びです。妙なかっこうのまま固まって動かなくなるおかしさが、子どもの心をつかんだのでしょう。とある小学校のクラスでも大流行したのだそうです。

ところが、「凍り鬼」のことを知ったクラス担任は、ある日突然「凍り鬼禁止令」を発令したのだとか。子どもが熱中している遊びを禁止するのだから、よほど大層な理由があると思いますよね。

クラス担任が子どもたちに「凍り鬼」を禁止した理由――それは「動かないのでは、運動にならない」からだそうです。この理由には、さすがの私も開いた口がふさがらなくなってしまいました。これを聞いて「はあっ⁉」とならない方がいたら、ぜひお目にかかりたいものです。

これは一例かもしれませんが、理不尽なことを言いつける教師や、授業の最初から最後まで黒板に向かいっぱなしで延々板書し続ける教師、「お花って、話しかけてあげると、きれいな花を咲かせるのよ」と毎日欠かさず水をあげる子どもに対して、「あなた、頭おかしいんじゃないの？」と言い放った無神経教師など、ひどい教師の例を挙げていったら、それこそキリがありません。

もちろん、こうしたひどい教師は私立校にも存在します。ただ、やはり割合から言えば、公立校のほうに多いのは、どうしようもない現実です。

では、こういうひどい教師にあたってしまったら、どうするべきでしょうか。

「先生のおっしゃることには間違いはないんだから、四の五の言わずに言う通りにして、従いなさい」と子どもに言い聞かせ、従順な生徒でいることを強要すべきでしょうか。

それとも、「先生の言っていることはおかしい。断固抗議し、徹底的に闘う！」と宣言し、親子ともども抗戦すべきでしょうか。

これは、どちらも大きな過ちです。

まず、前者。確かに、大人の世界では「長いものには巻かれろ」「立場が上の者が黒と言えば、白いものでも黒」ということはよくあります。「目上の人が言うことは、有無を言わず従え」は、社会で生きるための方便かもしれません。でも、これは子どもに教えるべきことでしょうか。私は決してそう思いません。

ことの善悪は自分で考えるものではなく、目上の人が決める――こんな考え方をしみ込まされて成長すると、いずれ自分で考えることをやめてしまう人間に育ってしまいます。つまり、確実にアタマが悪くなるのです。カルト宗教に洗脳される若者は、もしかしたらこんな子どもだったのかもしれません。

次に、後者の徹底抗戦するやり方ですが、これも問題があると言わざるを得ません。確かに、間違った考えに従う必要はないし、断固闘うべきというのは正論かもしれません。でも、その結果はどうなるでしょう。

「おまえの言う通りだ。先生が間違っていた」と、教師が認めるでしょうか。子どもも相手に自らの過ちを認められるほどの大人物だったら、そもそも理不尽なことを押しつけるはずがありません。となると、徹底抗戦の末に得られるのは、「反抗的な子ども、およびそれをあおる問題のある家庭」というレッテルを貼られることだけ。さらに、それだけでなく、「クラスの和を乱す者」として、確実に内申書の評価が悲惨なものになってしまいます。

理不尽な教師、および学校教育に無条件に従うことを常態化させると、子どものアタマが悪くなる、かと言って闘う道を選ぶと、確実に内申書がぼろぼろになる……。では、どうするべきでしょう。これは教育コンサルタント的に見て、「現状の学校教育に批判的な姿勢は保つが、きっちりと内申はとっていく」という考え方がベストということになります。

「先生の言っていることはおかしいと思うし、ばかばかしくてやってられないけれど、表面的に従うフリだけしていましょ」という要領のよさ、ある種の賢さはアタマのいい女の子の得意技です。男の子はとかく、モロに不快感を表しがちです。

これは、一朝一夕に身につくものではありません。とはいえ、子どもが学校や教師のやり方に対して理不尽さを感じ、親に訴えてきたときに「そんなことでいちいち怒らないの！　ハイハイって言うことを聞くフリだけしていればいいじゃないの」と切り捨ててしまうのも、感心しません。それでは「お母さんは私の気持ちをわかってくれない」と心を閉ざしてしまうだけです。

こんなときは「まあ、先生には先生のお考えがあるのかもしれないから、言う通りにしておいたら？　でも、お母さんは、ずいぶんバカらしい話だとは思うけどね」などと、さりげなく本音と建て前の使い分けを伝えるとよいでしょう。そこから自然と要領のよさを身につけていくことも、子どもにとって現代社会的「学習」と言えると思います。

Point 15

中学受験で失敗しない方法

「中学をどうするか」について、親が考えはじめるのは、いつ頃からでしょうか。ポイント14で述べたように、「ひどい状態にある」と噂《うわさ》の地元公立中学にわが娘をいかせるわけにはいかないという親もいるでしょう。本当は憧れの私立校に小学校から通わせたかったのに、受験で失敗してしまったので中学受験こそは、とリベンジを誓う親もいるでしょう。なかには「実は自分があの制服を着たかった」と親自身が憧れている学校に娘を通わせたいと願う母親もいるかもしれません。

それだけでなく、高校入試の際に合否に大きく影響する内申書の存在も曲者《くせもの》です。ここでいい点をつけてもらうためには、定期試験の点数をきっちり取っていくことはもちろん、授業にも前向きに取り組んでいるところを見せなければなりません。こうしたことで神経をすり減らす思いをさせたくないと、中学受験を目指す親が増えています。

どのような理由にしろ、親が「中学受験」を意識しはじめるのは子どもが一〇歳になるあたり、つまり小学四年生になった頃から、というのが一般的ではないでしょうか。この頃から、どの家庭でも受験に向けて準備を始めるようになります。早い話が「どの塾に通わせようか」と検討するようになるのです。中学受験を目指す親御さんの一部には、「中学受験をするなら、塾に通うのは早いほうがいい。三年生から通わせるべき」と主張する人もいます。

こうした話を耳にするたび、私はなんとも言えない気持ちになります。中学受験を否定するつもりは毛頭ありませんが、早い時期から受験勉強に駆り立てられる子どもを見ていると、「この子は大丈夫なのだろうか」と心配せずにいられないのです。

子どもの発達には個人差があります。赤ん坊の頃に歩き出すのが早かった子もいれば、なかなか立ち上がらず親を心配させた子もいます。おむつ卒業、言葉、読み書き、計算など、できるようになるのが早い子もいれば遅い子もいます。早い子の能力が優《まさ》っているということではなく、単にそれは「発達の個人差」なのです。

塾通いも同じこと。小学三年生から塾通いを始めても、それが本人に向いていて膨大な量の暗記をさせられても、「中学受験とはそうしたもの」と割り切って机に向かえるような女の子ならまだいいかもしれません。しかし、そこまでませた考え方ができない子は、次第に追い詰められていきます。ちなみに、塾通いはませた子のほうが結果を出しやすい傾向があります。

これが男の子なら、「もう塾通いなんてイヤだ！」と反旗を翻したり、塾に行くと見せかけてサボったり、あるいは塾に行って授業に出るものの堂々と講師を無視するなど、わかりやすく反抗します。

しかし、女の子は「親が勧めてくれたことを無下にはできない」という心理になる傾向があります。つまり、女の子は親の言うことには逆らえず、素直に従ってしまうのです。しかも、男の子のように「まあ、適当にやっておけばいいや」と手を抜くことがありません。親の気持ちに応えようと一生懸命やってしまいます。

これは一見、とてもいいことのように思えます。もしわが子が通っているのが、子ども一人ひとりの感受性や好奇心に沿った、丁寧な指導をしてくれるような塾なら、まったく問題ありません。しかし、中学受験にターゲットを絞った塾が、そうした教育を施すわけがなく、実際には膨大な量をひたすらアタマに詰め込む暗記学習が強いられるのです。

それに女の子は必死についていこうとします。ほかにどんなに好きなことがあったとしても、「合格までは」と封印してひたすら暗記学習に取り組んでしまうのです。

その結果、男女別の定員が決まっていない共学校の中学受験に勝つ可能性はとても高くなります。女の子は、一生懸命勉強する分、合格しやすいのです。しかし、合格後でも個人差が出ます。必死に勉強し、見事合格したあとは「やれやれ、やっと終わった。バカバカしかったわ」と総括して元のペースに戻って封印していた好きなことを再開したり、勉強中に「受かったらこれをやろう」と考えていたことを始めたりする子がいます。それが、先にお伝えした「ませた子」です。

ところがそうではない子は、受験が終わったあと、抜け殻のようになってしまうのです。好きなことがあった子でもそれを再開することはなく、新しい何かを見つけることもありません。さまざまな「ステキなこと」を見つけて目をキラキラさせていた小学生はいなくなり、なんだか妙に冷めたような、淡々とした中学生ができ上がります。つまり、女の子にとって大切な感受性を失ってしまうのです。

こうした子はたとえいい中学に入っても、あまり伸びることがありません。その後の試験は大学受験も含めて中学受験のときと同じように一生懸命暗記学習に取り組むため、いい成績をおさめ、最終的にいい学歴を手に入れるかもしれませんが、どうにも人間的な魅力に欠けた女性になってしまうのです。

これは見た目の問題ではありません。女の子がその魅力とともに能力を発揮させるには、もともと特性として持っていた感受性がとても大きな役割を果たすのです。男性に欠けている部分を補うだけでなく、幼い頃から少女時代まで、その感受性で獲得した「ステキなことを見つける力」は、仕事をするようになってから存分に発揮されます。どのような職業に就いたとしても、女性の能力は感受性をベースに花開くものなのです。

ところが、感受性の輝きはやみくもに興味のないことを詰め込む暗記学習で次第に消えていきます。つまらないという感情を「つまらないと思ってはいけない」と否定し続けることで、ステキなこと、楽しいことを楽しむ気持ちまでなくなってしまうのです。

今の社会を生きる大人には、「社会にはそう素晴らしいことも楽しいこともないのだから、いつまでも夢を見ないほうがいい」と言うような人もいるかもしれません。しかし、そんな社会だからこそ、ささやかなステキで楽しいことを見つけ、生み出そうとする力が必要だと思います。

一緒に仕事をしている若者が単に与えられた仕事をこなすだけで、自分から考えることもなくただこちらの指示を待っているだけだったら、どうでしょう？　それでは単なるやっかいな新人という印象しか持てないのではないでしょうか。そうではなく、与えられた仕事に対して目を輝かせて楽しそうに取り組んでいたり、拙いアイディアであっても新しい提案をしてくれたり、あるいは多忙のあまり殺伐としてしまった職場の空気を察知して、息抜きできるような瞬間をくれるような新人がいたら、その評価はずいぶん違ったものになるはずです。少なくとも、「一緒に仕事したい」と思わせるのは、後者であることは間違いありません。これが、私が「女の子は決して感受性を失わせてはならない」と思う理由です。

私も受験プロですから、中学受験を否定するようなことは決していたしません。しかし、そこで見落としてほしくないのは、「その子のレベル、能力に合った学校を選ぶ」ということです。どんなに偏差値が高くても、また親から見て理想的な教育を施していると思っても、その子のレベルに合わない学校を志望校に設定すると、そこに無理が生じます。塾側は「がんばれば合格も夢ではない」と言うでしょう。彼らの言う「がんばり」は、いかにして膨大な量を暗記できるかにかかっています。

繰り返しますが、ときどき文句を言いつつもこれをこなすことができる、ませた子はいます。しかし、そうではない子が無理にそれに近づくことは、感受性を失った魅力のない人間になる第一歩と考えてください。

塾に通うのは、小学六年生になってからで構いません。その段階で「『猛烈に勉強すれば』ではなく『少しのがんばり』で合格できそうで、自宅からの通学時間が片道一時間以内」の学校を見つけて受験に取り組むことをおすすめします。

Point 16 女の子の受験は下準備が必要

女の子の感受性を伸ばすことは、結局学力を伸ばすことにつながること、そして将来を約束する能力の獲得につながることは、もうご理解いただけたでしょうか。

その感受性は何をベースにはぐくまれるのかを考えたとき、そこには「きちんとしていたい、きれいな状況が好ましい」という、女の子本来の特性がありました。

男の子は好きなものがごちゃごちゃと雑多に広がった、混沌《こんとん》とした環境を好みます。これに対して女の子は好きなものが分類整理されてきちんと並んだ環境や、ステキなものがきれいにディスプレイされた空間を好みます。もちろん男女ともに枠におさまらない人もいますが、ここは「そうした傾向が強い」と受け止めてください。

たとえ片付けが苦手でも、女の子はちょっとかしこまった場や、高級レストランなどの上品な店、神社仏閣など神聖な空間では自然と態度が改まり、きちんとした振る舞いをしようとします。それは空気の違いを感じ取り、それに同化することでいつもと違う自分になろうとする感受性のなせるわざ。これが失われると、どんな場であってもスマホをいじる、退屈そうな顔を隠そうともしないなどの無礼な振る舞いになっていきます。

断言しますが、場に応じてきちんとした振る舞いができないような子は、決して学力が上がりません。

子どもの学力を上げるため、親は早期教育や塾探しに熱心になりがちです。しかし、本当に女の子を伸ばそうと思うなら、まずは幼いうちから「きちんとする」習慣を身につけさせることが重要です。つまり、女の子はしっかり躾けることが、ゆくゆくは学力の向上につながっていくのです。「きちんとすること」の大切さが身についている女の子は、受験勉強が始まったとき、自分なりの「きちんとこなす方法」を見いだします。このことで、学んだことはしっかりと身につき、知識となって定着していくのです。

では、どうやって「きちんとする」ことを身につけさせればいいでしょうか。日々の生活の中で繰り返し「きちんとしなさい」と言い続けることもひとつの方法です。靴を揃えなさい、手を洗ったあとのタオルを整えなさい、食事中は背筋を伸ばしなさい、箸は正しく持ちなさい……など、次々と指摘することが出てくるでしょう。もちろん、こうした日々の躾はとても重要です。男女にかかわらず、ゆくゆくは社会に出る一個人としてマナーは身につけてほしいと思ってやみません。しかし、それ以上に子どもに「きちんとすることの大切さ」を身にしみて実感させてくれることがあります。それは、お菓子づくりです。

自宅でケーキやクッキーなどのお菓子をつくったことのある人ならよくわかると思いますが、お菓子づくりほど分量や手順を厳密に守らなければならないものはありません。小麦粉や牛乳、バターなどの材料の分量はあらかじめきちんと計っておかなければなりません。本格的なものになると、卵さえ一個二個という単位ではなく、グラム単位で計ることが要求されます。

つくる段階では、手順はしっかり守らなければなりません。小麦粉をふるいにかける手順を飛ばしてしまったら「まあいいや」では済みません。その手抜きは、確実にでき上がりに現れます。まさに、「きちんとしなければ失敗する」のが、お菓子づくりです。さらに、後片付けの大変さときたら！　使った道具などは油や粉でひどい状態になります。それらの汚れをきれいに落とし、次回も使いやすいようにしまっておくことは、まさしく「きちんとする行動」の積み重ねと言えるでしょう。

子どもはこの経験を重ねることで、どんなことでも「きちんとする」習慣が身についていきます。もちろん、たった一回二回では「お菓子をつくったことがあるけど、面倒くさかった」で終わってしまいます。親子の時間のひとつとして、週に一回、何かお菓子をつくることにしてはどうでしょうか。

お菓子づくりのよさは、「でき上がったものを褒めてもらえる」という喜びが得られることにもあります。「おいしい！」と言って喜んでもらえるのは、料理も同じです。しかし、お菓子づくりは味だけでなくでき上がりの美しさ、盛り付けやラッピングの可愛らしさなど、気持ちが伝わりやすい部分が多い分、褒められるポイントも多くなります。

女の子には誰かに認められ、褒められることに大きな喜びを感じ、もっとうまくなろう、もっと褒められようとがんばる性質があります。きちんとすることの大切さ、人に喜んでもらえるようにがんばる楽しさを幼いうちから十分に味わい、知っておくことは、長い目で見ると受験勉強に潰《つぶ》されることなく、望んだ結果を得られることにつながるということを、どうぞアタマの片隅に置いてください。

Chapter 02

第二章

躾ける

Point 17

結局、女の子は「習慣」で決まる

会社を定年退職などでリタイアしたあと、田舎《いなか》で第二の人生を送る人が多くなっています。とはいえ、家族を残して自分ひとりで田舎暮らしを始める人は少なく、伴侶と一緒に移り住むというケースがほとんどのようです。

さて、ここでちょっと問題を出してみましょう。

ともに田舎暮らしを望んだという夫婦ではなく、「その気はなかったのだけれど、配偶者の強い希望で田舎暮らしをすることになってしまった」というケースを想像してみてください。

では、しぶしぶついてきた側が夫だった場合と、妻だった場合のどちらのほうが、早く新しい環境に慣れると思いますか？

たぶん、多くの方が「そりゃ、妻でしょ。女のほうが適応力あるはずよ」と、お答えになるのではないでしょうか。

しかし実のところ、正解は「夫」。女性のほうがなかなか新しい環境に慣れにくい、という傾向があります。

とくに、女友達とおしゃれなお店でランチを楽しんだり、しょっちゅうデパートで買い物をしたり、観劇したり……というような、都会生活を満喫していた女性ほど、「前はあんなに便利で楽しかったのに」と言うばかりで、田舎生活に適応できないのだと聞きます。

これに対して男性は、「最初のうちはとまどうものの、早晩それまで楽しんでいた都会生活を「そういう生活もあったっけ」と、過去のものにすることができるのだそうです。

この例は何を意味しているかというと、ポイント7でも触れましたが、「男性に比べ、女性のほうがさまざまな事柄を習慣化しやすい」ということ。そして、一度習慣化した事柄は、あとで取り去りにくいということです。

スイッチひとつでお湯が沸く生活に慣れてしまったら、もう水だけで食器を洗うことはできないとか、電話やメールでなんでも届けてもらえる生活を送っていたら、毎日スーパーに買い物に行くのが苦痛で仕方ないとか、その例は数限りなくあります。

「一度上げた生活レベルは落とせない」と真顔でおっしゃるのも、男性よりも女性のほうが多いように感じられます。

　これはもちろん、大人に限ったことではありません。むしろ、子どものほうがさまざまなことが習慣化されやすいうえに、一度習慣として根づくと修正されにくい……とくに女の子はその傾向が強いのです。

　たとえば、身近な例で食事マナーを挙げてみましょう。肘をついて食べたり、音を立てて食べたり、椅子に背中をつけたまま食べたり……このようなマナー違反を放っておくと、それが習慣となってしまい、いざという場面できちんとすることが困難な子どもになってしまいます。

　そうさせないためには、どうすればいいでしょう。これは、親がいちいち指摘するしか、方策はありません。でも、子どもがすることに細かく口を挟むのには抵抗がある、と感じる人もいると思います。「そんなに口うるさく小言ばかり言っていたら、大人の顔色ばかりうかがう子どもになるんじゃないかしら」と、そんなふうに考えてしまうからでしょう。

　男の子の場合だと、「ああしなさい、こうしなさい、あれしちゃダメ、これしちゃダメ」と言い続けると、次第に萎縮してしまい、親からの指示がなければ何もできない子どもに育ってしまう危険性があります。

でも、女の子は小言から何かを学ぶことができるのです。たとえば「いつもお母さんは食べるときの姿勢にうるさいのよね。ということは、おばあちゃんちでもいい姿勢でいないとまずいわよね」といった具合です。

躾《しつけ》の厳しいお嬢さん校の出身者で、大人になると「当時はいちいちうるさくて本当にイヤだったけれど、今になったら、いい躾をしてくれて感謝している」と振り返る人が多いのも、女性が習慣化しやすい性質を持っている証拠と言えるでしょう。

ただ、みなさん自身も経験があるでしょうが、「あなたのためを思って言っているのよ」という恩着せがましい言葉は、逆効果になりがち。

むしろ、たまに会うおばあちゃんや友達のお母さんなど、家族以外の人から「○○ちゃんは本当に食べ方がきれいね」など、いつも親が口うるさく言っていることの結果を褒めてもらうと、「あ、これって本当にいいことなんだ。いつもこうしていよう」と本人がその気になり、すんなりとよい習慣がつきますので、周囲の人たちに協力してもらうとよいでしょう。

Point 18

行儀よくできる子は、アタマがいい

　ポイント17の続きになってしまいますが、子ども、とくに女の子にとって「行儀のよい振る舞いができる」ということは、その子の学習能力と大いに関係があります。

　これを説明する前に、まず「行儀がよい」と「行儀のよい振る舞いができる」の違いをお話ししましょう。改めて言うまでもありませんが、「行儀がよい」とは、礼儀正しいということ。決して騒ぐことなく、もちろん汚い言葉は使わず、下品な振る舞いなど決してしないのが「行儀がよい」ということです。

　ほかの仲間が騒いでいても、静かに笑って決して交わらない……。なにやら、やんごとなき方々の姿が浮かんできますね。一緒にいるだけで、こちらも居住まいを正したくなるような礼儀正しい子は、親から見れば「うちの子のお友達になってほしい子」かもしれませんが、少々堅苦しすぎて敬遠されてしまう傾向があります。

　これに対して「行儀のよい振る舞いができる」とは、必要に応じて礼儀正しくできる、ということ。

子ども部屋で、友達どうしで遊んでいるときは足を崩していても、その家の親がお茶菓子を持ってきたら、さっと座り直し「こんにちは、おじゃましています」と言えるような子は、「アタマがいい」と言えるでしょう。

これに対して、家庭内の態度と、外での態度を区別できない子は、「愚かだ」ととられがちです。

行儀がよいのは、とても重要なことです。だからと言って、いついかなるときでも行儀よく、上品にしているというのは、どうでしょう。属している社会が本物のハイソサエティ（インチキくさいセレブなどではありません）で、周囲がすべて上品でお行儀のよい人たちしかいない、という世界に生きているのなら話は別です。

でも、普通の社会に生きているなら、いついかなるときも行儀よくしているのは「お高くとまっている」「自分だけは別の世界に生きていると思い込んでいる」とされ、最悪の場合は「ちょっとおかしいんじゃないの」とまで言われかねません。

かといって、周囲が「キモい・ウザい」という言葉づかいをしているような子ばかりだからといって、それにすっかり染まってしまい、きちんとした振る舞いができなくなってしまうのも、問題です。

場に応じて、どのような振る舞いをすべきかを瞬時に判断し、使い分けることができる人間は、周囲を冷静に観察する力と、状況判断能力にすぐれていると言えます。このふたつの力は、勉強が高度になるにつれて、非常に重要になる力であり、アタマのよし悪しを分ける力なのです。この「観察力」と「判断力」は、知性の源です。

たまに大人でも、場に応じて言葉づかいや振る舞いの使い分けができない人がいますが、そんな人は「教養がない人」とか「育ちの悪い人」と思われがちです。これこそ「行儀よく振る舞えない子ども」の末路と思ってください。

的確に状況判断ができ、言葉づかいや振る舞いを使い分ける能力は、アタマのよさ、教養、育ちのすべてが現れるものなのです。

多くの子どもを指導していると、たまに行儀の悪い子に出会います。

たとえば、挨拶ができない、友達に対するような言葉づかいしかできない、人にものを教わる態度を知らない……そんな子に出会ったとき、まず思うのは「親がわかっていないんだな、かわいそうに」ということです。行儀というものは、家庭でしか教えられないというのに、それを教わらなかった子どもは、本当にかわいそうだと思います。

とくにピアノなど芸術系の教室を運営している先生には、「行儀の悪い子、礼儀をわきまえない子には、必要以上のことを教えない」という傾向があります。

あふれるほどの才能があれば話は別ですが、そうではない場合、もう一歩踏み込んで探く教えるかどうかは、子どもの振る舞いいかんにかかっていると言ってよいでしょう。

だからといって、何も、家庭でも親に対して必ず敬語を使うように躾けなさい、と言う気はありません。また、「キモい・ウザい」という言葉づかいばかりする友達とは交際を禁止しなさい、と言うつもりもありません。

「家では結構いいかげんに振る舞っていても、一歩外に出たらそれなりにきちんとできる」、もしくは「学校では友達どうしで流行《はや》り言葉を使って会話をしているけれど、家に帰ったら〝おはようございます〟から〝おやすみなさい〟まで、きちんとした正しい日本語で会話ができる」など、場に応じた使い分けができるようにしておくのは、とくに周囲に染まりやすい傾向がある女の子には、とても重要なことです。そのようにして、節度ある振る舞いが自然にできる子は、観察力や状況判断力にすぐれ、アタマがよくなるものなのです。

Point 19 「控えめ」「楚々としている」は、もう女の子の美徳ではない

「女は常に一歩後ろに控え、男を立て、目上の者を敬うべき。自己主張などもってのほか」——二一世紀にもなって、こんな女性像を真顔で語る人はいないだろう、と誰もが思っていますよね。

ところが、いまだに「なんだかんだ言っても、こういう控えめで楚々《そそ》とした女の子のほうが男ウケもいいし。いい会社に入って、いいところにお嫁に行くのは、こういう子よね」と思っている親御さんがおられるのは、やや驚くべきことです。

実際に中高生たちに話を聞いてみると、「ああ、そういう女の子っているよね」という言葉が返ってきます。お歳を召した方がこれをお聞きになったら、「大和《やまと》撫子《なでしこ》健在なり！」と感激されるかもしれません。

しかし、今の時代、そんな「大和撫子」たちがどういう言葉で表現されているか、ご存じですか？

「うじうじしている」「ねちねちしている」、さらに「自分がない」「アタマ悪い」と、さんざんな言われようなのです。これは女の子どうしの評価だけではありません。男の子だって「はっきりしない、うじうじした女の子はイヤだ」と敬遠するといいます。

それどころか、その反動で、これまでの女子には荒々しいスポーツでもあったサッカーの女子日本チームに、逆に「なでしこジャパン」とニックネームがつけられる時代です。

それはさておき、実際に旧態依然とした大和撫子について、同世代の女の子たちには、少しでも一緒に過ごせば、たちどころにわかるようです。

何しろ、彼女たちは「自分の意見」がありません。「どうしようか？」と聞けば、「なんでもいいわよ」とにっこり。「あなたはどうしたい？」とさらに突っ込めば、「そうね……うーん、みんなに合わせるわ」。さらに「だから、あなたがしたいことは何？」と突っ込むと、「そんなこと言われても」と黙り込んでしまったり、涙ぐんでしまったり……。

どうです？　何もすべての大和撫子がそうとは申しませんが、かなりうっとうしくないですか？　こういう子たちの特徴は「その場を仕切っている強い人に従う」に尽きます。

これが「男の子って、こういう従順な女の子が好きなのよね」と計算してやっているのだとしたら、「勘違いもいいかげんにしなさいよ」とたしなめるところですが、悩ましいのはこういう女の子に限って、計算でもなんでもなく、常に誰かが決断を下すのを待ち、それにただついていけば間違いないと思っているところ。

つまり、単なる優柔不断で自分の意見がないだけなのです。これからの時代、女性に求められるのは自主性や確固たる自分の考えだというのに、自分の意見も言えないようでは、先々お暗いと言わざるを得ません。

確かに、自己主張の強い女性が苦手な男性は多いものです。でも、ここで間違ってはいけないのは「はっきりものを言う女はイヤだ」という男は、単に人の意見に耳を傾けようとしない、高圧的でイヤな人間が多いということです。

たとえ学歴や社会的地位と経済力に恵まれていたとしても、こういう人間と生活するのは、果たしてしあわせなのでしょうか。

自分の意見を持ち、主張することは、しあわせな人生を送るためにも不可欠なことだ、と私は強く申し上げたいのです。

だからといって、声高に自説を主張し、断固としてそれを通してしまうやり方は賢いとは言えません。

賢い女性を見ていると、たとえば家族旅行の行き先を決めるとき、「どこに行こうか？　海に行くなら南伊豆の秘密の海岸。山に行くなら八ヶ岳の夕焼けと日の出。あなたはどちらがいいと思う？　それとも……」というように、相手を誘導しながら自分の意見を主張していくことがとても巧みです。

これは、家庭内だけの話ではありません。仕事の場でも、女性のこうした能力は円滑に物事を進めるために非常に有効です。

強面《こわもて》で交渉に臨むタフ・ネゴシエーターよりも、相手の意見を尊重しているように見せかけつつ、自分の思い通りに誘導してしまうソフト・ネゴシエーターの力は、これからの時代ますます必要となるでしょう。

では、そのような女性ならではの賢さは、どのようにしてはぐくめばよいでしょうか。

それは、あらゆる場面で、子どもの意見を聞いていくことだと思います。たとえば、夏休みの旅行先からカーテンの色、今晩のメニュー、明日着る服に至るまで、いちいち子どもに「あなたはどうしたい？」と聞くようにするのです。

とはいえ、すべて子どもの意見に従っていては、なんでも自分の思い通りにいくと信じ込む、わがままな「女帝」になるだけ。コツは子どもの意見を聞きつつ、「お母さんはこう思うの。なぜならね」と説明したうえで、もう一度「あなたはどう思う？」と聞くことです。

こうすることで、子どもは自分がどうしたいのか、自分の意見に正当性はあるかどうかまでをじっくり考えたうえで、決断を下せるようになります。

これは、有無を言わさず親の意見を押しつけることに比べれば、確実に手間がかかります。しかし、子どもに「判断力」と「決断力」をつけさせるには、絶対に必要なのです。ぜひお忘れなく。

Point 20 家庭的な女の子は、アタマがよくなる

このタイトルを見て、「著者は女性観が守旧的すぎる」、もしくは「旧態依然の女

性像を押しつけようとしている」と思った方も多いかもしれません。とんでもないことです。私は、家事全般をこなす現代男性の代表です。

さて、家庭的な女の子がなぜアタマがよくなるのか。これをきちんと説明するには、昔から言われている「長女はよくできる」という真実から解き明かさなければなりません。

兄弟姉妹がたくさんいる家庭の長女は、勉強ができるケースが非常に多いのです。これは、「上の子だから期待して、一生懸命勉強させた」という理由ではありません。兄弟姉妹が多いほど、長女は「お母さん代わり」となって、家の中のこまごました雑事をやらされていたことに秘密があります。

長女は小さな頃から有無を言わさず、家事の手伝いをやらされ、小さな弟や妹たちの世話をさせられて育ちます。これは、下の子が少なくて家のことはお母さん任せだった女の子に比べて、圧倒的に経験値が高くなります。

どうすれば効率よく洗濯物を畳めるのか、短時間で食事を用意するにはどうすればいいか、ぐずる弟をなだめるのに効果的な方法は何かなど、常に同時進行でさまざまなことを考えつつこなしていくわけです。この力は、優秀な主婦になるためにだけ必要なものではありません。短い時間で効率よく勉強する方法を見つけだすためにも、欠かせない力なのです。

先にも触れましたが、私は、男女を問わず、子どもが成長するために不可欠なのは、より多くの経験を積んでいることだと確信しています。

男の子なら、野山を駆け回って自然と戯れた経験が、のちの学習に生きていくものです。これに対して女の子は、家の中でさまざまな経験を積むことが、能力を向上させ、学力をも上げることに大いに役立つのです。

ところが、教育熱心な親御さんほど、逆に考えがちです。すなわち、子どもの学習能力に必要なのはひたすら勉強することで、遊んだり家事の手伝いをしたりするのは余分なこと、そんな時間があったら、英単語のひとつでも暗記したほうがいい、と考えてしまうのです。でも、これは大きな間違いと言わざるを得ません。

何も「勉強だけが人生のすべてではないから」というきれいごとではありません。さまざまな経験を積んだ子のほうが、自分の経験と照らし合わせて問題を解決する習慣がついているのです。そういう子は確実に「応用力」があり、「発想力」が豊かで、機転も利くようになっています。これは、生きていく中で絶えず起きてくる諸問題を解決する力に結びつくだけでなく、受験でも大いに役立つ力なのです。

このような力を自然と身につけていくには、どうすればいいでしょう。それは実に簡単です。家事の手伝いをどんどんやらせればいいのです。

そして、「手伝ってくれて本当に助かる。ありがとう」という感謝の気持ちを伝えるのはもちろんのこと、多少うまくできなくても、結果を思いきり評価し、褒めてあげることが大切です。

「あなたがつくった目玉焼きは、本当においしい」「あなたが掃除してくれたから、おうちがぴかぴかになった」「洗濯物の畳み方がうまい」など、小さなことでも褒めてあげるのです。

このとき、「こうすればもっとよかったわね」と付け加えたくなることでしょうが、それは後回し。まずは、褒めちぎってあげましょう。

褒められるのが嫌いな子どもはいません。とくに女の子は、褒められることが自信につながります。ただ、あまり褒めすぎると、かえって「がんばらないと愛されない」とプレッシャーにもなるので、注意が必要です。

親御さんのなかには「あまり褒めてばかりいると、実力も伴わないのに自信過剰な、勘違い人間になってしまわないか」と心配される方もいるかもしれません。確かに、世の中にはそんな人はたくさんいます。

でも大事なのは、子どものうちは「私ってスゴイ！」「私ってイイ子！」という、根拠のない自信を持たせることです。自分に対する自信がなければ、子どもは新しいことに挑戦する積極性や、とりあえずなんでも試してみようという行動力が身につきません。

つまり、自信とは子どもが成長するための原動力であり、自信なくして子どもは自分が持つ能力を伸ばすことはできないのです。

子育てで大切なのは、子どもに「自分にならできる」という自信を持たせることですが、それには「なんでも経験させ、結果を褒める」ことが欠かせません。

子どもがやったことに対して小言ばかり言ってしまう、つい批判してしまうという親御さんがいたら、ちょっと考えを改めて、「すごい」「上手」「ありがとう」を連発するようにしてください。きっと、お子さんの目が自信でキラキラと輝きだすようになりますよ。

Point 21

わがままな子は、数学ができない

現在、日本は深刻な少子化の時代を迎えています。
ところが、実際に子育てしている人たちの中には、「子どもが少ないほうが、お金も時間もかけて子育てできる。少子化のどこが悪い」という意見をお持ちの方もいるようです。

みなさんは、この「手をかけて子育てできる」が、逆によくない結果を生んでいることにお気づきでしょうか。

確かに、子どもの数が多ければ多いほど、「あまり手をかけてあげられなかった子」や「我慢ばかりさせられた子」が出てきてしまいます。子どもが少ない場合、とくに一人っ子の場合は、こんな心配とは無縁です。

ただ、その結果、「蝶《ちょう》よ花よ」で育ててしまい、気づいたときにはとんでもないわがままな子になっていた、というケースは少なくありません。とくに女の子の場合は、幼い頃から目に入れても痛くないとばかりに猫かわいがりしてしまい、「世界の中心は私」というわがままな女の子になってしまった例は、数限りなくあります。

これは非常によろしくない。由々しき問題です。

わがままな子は、世間と折り合いをつけることができません。周囲の意見がどうであれ、自分がイヤなものは絶対にイヤと言い張ってしまうのです。

子どもは誰しも、わがままな面を持っています。「イヤなものはイヤ」という姿勢は、子どもなら一度は通る道と言えるでしょう。そして、成長するにつれて「イヤなものはイヤでは通らない」ということを学んでいくものです。

すると、子どもなりに「イヤと言うからには、その根拠を示さなければならない」ことに気づくようになります。

「ピーマンなんか食べない」から、「ピーマンは苦くておいしくないから食べたくない」になったり、「あの人嫌い」から、「あの人と会うたび、意地悪なことを言われてとても傷つくから会いたくない」になったりするなど、「なるほど、それなら仕方ない」と相手に思わせるような論理性を身につけていくのです。このようになんらかの根拠を示そうとする姿勢が、子どもの論理的思考をはぐくんでいきます。

ところが、とくに理由を言わなくても、「あなたがイヤなら仕方ない」と、わがままがそのまま通ってしまうと、どうでしょう。いくつになっても、論理的思考は身につきません。

現に、大人になってもピーマンやニンジン、または特定の人を毛嫌いして、理由を聞かれても「なんかイヤなの」としか答えられない人は、たまにいますよね。みんなで話し合っているというのに、いつまでもわけのわからないことを言い張って反対し続ける人は、得てしてこんなタイプです。

さて、このような人を見て、みなさんはどう思いますか？

言葉にはしないまでも、「アタマが悪いなあ、気の毒だなあ」と思いませんか？まさにその通り。わがままがそのまま通る人は、論理性どころか、知性がないと断じられて当然だ、と私は思います。

論理的思考を「理屈っぽい」と勘違いして、「女の子なんだから、理屈っぽさは不要」と思ってしまう方もいるかもしれません。でも論理的思考は、とくに算数や数学では不可欠ですし、あらゆる学習は論理性に基づいているものです。つまり「論理的思考ができない＝アタマが悪い」ということなのです。

先ほどの「大人になってもピーマンを毛嫌いする人」を思い浮かべてください。「気の毒な人だ」と思いましたよね？

アタマがいいというのは、すなわち論理的思考ができるということ。ですから、わがままという論理的矛盾を放置していると、確実に子どものアタマが悪くなってしまうわけです。

必要以上のわがままは、断固として許さないという毅然《きぜん》とした親の態度が、子どもの論理的思考をはぐくみ、数学ができるようにし、最終的にはアタマをよくします。

Point 22 自由に使えるお金が多いほど、女の子はダメになる

男の子の親御さんと違って、女の子の親御さんは学力や進路について、どこか寛大です。男の子は「いい大学→いい就職先→人生の勝利者」という公式があてはまる、と思い込んでいる親御さんが多いのに対し、女の子の親御さんは「女の子なんだから、学歴が多少悪くても」と思う方が、いまだに数多くいらっしゃるようです。

これにつきましては、それぞれの価値観がありますので、異を唱えるつもりはございません（第一、私は「学歴さえよければ人生の勝利者になれる」などとは、ツユほども考えておりません）。

今の時代、すべての女の子の親御さんが共通して願うことがあるとしたら、それはいい大学に入ることでも、玉《たま》の輿《こし》に乗ることでもなく、「援助交際などするような子には決してならないでほしい」ということではないでしょうか。

これについては、まさにその通り。どんな時代になろうとも、娘がお金のためになんでもするような人間になってもよいと考える親など、いるわけがありません。

それなのに、援助交際という名の行為を平気で行う女の子が相当数いるのは、悲しいことに現実です。

これは決して人ごとではありません。今の時代の日本では、女の子を育てる親なら、この援助交際という問題について深く考えることは、不可欠です。

彼女たちが平気で体を売る理由は、家族生活の歪《ゆが》み、倫理観の欠如、貧困など諸説ありますが、私は「金銭感覚の歪み」も、重大な要因だと考えています。

私たち親の世代が一〇代だった頃、欲しいものがなんでも手に入る人は、ごくひと握りでした。お小遣いは少なく、お金がないのが当たり前で、たとえ欲しいものがあったとしても、「買えないんだから、仕方ない」とあっさり諦めることができたのです。

どうしても欲しいものがあったときは、親に頼むなり交渉するなどして苦労の末に手に入れていた時代と異なり、今は「欲しい」と「手に入れる」がほぼ直結しています。

欲しいと思ったものは自分のものになるのが当たり前で、どうしても「手に入れられないこともある」が受け入れられないのです。そのため、もし欲しいものが買えるお金がなかったら、手っ取り早くお金を得るために援助交際をしてしまうのだろう、と私は考えています。

こんな女の子にしないために親ができること――それは「お金やものを与えすぎない」に尽きます。

子どもがたくさんいた時代と違って、少子化の今は、親も子どもにお金をかけられるようになりました。そのため、ただ「子どもが喜ぶ顔が見たい」という理由で、簡単にものを買い与える親が多くなっています。

でも、考えてもみてください。あなたが子どもの頃、おもちゃは年に何回買ってもらえましたか？　誕生日にクリスマス、そしておじいちゃんやおばあちゃんが遊びに来たときくらいしか、おもちゃを買ってもらえなかったのではありませんか？

欲しかったおもちゃが買ってもらえたときの喜びを、今でも鮮やかに思いだせる人も、少なくないはずです。

今の子どもはどうでしょう。子どもが好きなキャラクターの新製品が出たから、おもしろそうだからなどと、子どもが欲しがってもいないのに買ってしまう親が多すぎます。これでは、子どもは「欲しいものが買ってもらえた」という喜びや感動を味わうことができません。そのうえ、「なんでも買ってもらえる」と思い込んで育った子どもは、間違いなくわがままになります。

ポイント7と17で「女性は男性に比べて習慣性が強い」というお話をしたのを覚えていらっしゃるでしょうか。小さな頃から「欲しいものは必ず手に入る」「お金はいつでも自由になる」と思い込んで成長した子どもは、「欲しいものはすぐに手に入れる」ことが習慣となってしまいます。

これが高じると、「欲しいものがあるのに手に入らない」ことが受け入れられなくなってしまいます。その最悪の結果が、援助交際につながってしまうのです。これは決して極論ではありません。

では、大事な娘をそんな愚かな女の子にさせないために、親はどうするべきか。

それは「簡単にものを買い与えない」「お金を与えすぎない」ことです。

欲しいものがあったら、誕生日かクリスマスに買ってあげるようにします。もしも誕生日やクリスマスまで待てないようなものだったら、「夕食後の片づけを一ヶ月間手伝う」と条件づけをするのもよいでしょう。

また、お小遣いですが、私は「友達どうしの交際費がかかるようになる中高生までは、必要ない」と思っています。あるいは、「お小遣いはおじいちゃんやおばあちゃんがくれるもの」という迂回《うかい》経路をとるのも、賢いやり方かもしれません。

このようにして「お金はなかなか自由にならないもの」という金銭感覚を小さな頃から身につけるのが、とても大事なのです。そうすることで、分不相応なものを欲しがったあげく、安易に借金したり、援助交際をしてまでお金を欲しがったりして、依存症と言えるほど買い物に耽溺《たんでき》するような大人にならないための予防策にもなります。

まともな感覚を持った女の子にするためには、安易にものやお金を与えないこと。これは、女の子の一生を左右するほど重要な躾です。

Point 23

盲目的にメディアを信じると、道を踏み外す

「うちはテレビもパソコンもないの」とか、「テレビはほとんど見ていません。見るとしたら、ＮＨＫの七時のニュースくらいかしら」と言う人がいたら、あなたはどう思うでしょう。当然、驚き、軽く尊敬し、そして最終的には「変わっているわね」と思うのではないでしょうか。

今、世界情勢に始まり、巷《ちまた》では何が流行っているのかなど、ほとんどの情報はテレビやインターネットを通して受け取られています。これらはメディアであると同時に、生活必需品となっているのが現代。

テレビとネットは少々性格が違うので、まずはテレビから説明しましょう。

とくに女の子は、好きな芸能人に「会う」手段として、テレビに接しています。

「テレビなんかくだらない。見る意味も価値もない」と断じるのは簡単ですが、テレビからもたらされる「今」を否定してしまうのは、かなり危険であり、ある意味傲慢だと言えましょう。

しかしその一方で同時に、テレビというメディアの危険性を認識することは、テ

レビが生活必需品になっている現代だからこそ、不可欠と言えるのではないでしょうか。

先ほど私は「テレビからもたらされる〝今〟を否定することは危険であり、傲慢である」と申し上げました。これはとりわけ女の子の世界で重要なのですが、「今、何が流行っているか」を知っていることは、友達とのコミュニケーションを円滑にするために欠かせない要素です。今はネットに押されていますが、話題になっているテレビドラマやヒット曲、注目のタレント、バラエティ番組などは、やはりおさえておくべき情報です。

華やかな世界に憧れる女の子は、とりわけ芸能界に心を奪われてしまうことがよくあります。とくに最近は、とびきりの美少女というわけでもないのに、芸能人として脚光を浴びているケースが多いので、「チャンスさえつかめば私も……」と思ってしまう子どもも少なくありません。これも、メディアが送りだす情報を真に受けすぎた結果と言えるでしょう。

メディアというものが、テレビからラジオ、新聞、雑誌、ネットまでもその部分として広告情報を含み、徐々にそれが肥大していき、やがてそれ自体が目的にならなざるを得ないものであることを忘れてはいけないと思います。

でも、子どもが何も真に受けない賢い子だと、かえってかわいげがない、という方もいらっしゃるでしょう。小さな女の子が、テレビアニメの影響を受けて変身シーンのまねをしたり、アイドルのまねをして歌ったり踊ったりしているのは、かわいいものです。

でも正直言って、小学校高学年以上にもなってそんなことをしている子を見ると、心配になってしまいます。なぜなら、メディアの情報を真に受けて、今の自分とは違うものになろうとしている子は、家庭内で自分の本質を認められず、愛されていないケースが非常に多いからです。さらに言えば、メディアに身をさらしている時間が長いことも、理由のひとつなのかもしれません。

そもそも、メディアに騙《だま》されたことがない人間は、存在しません。誰でも騙された記憶があるはずです。メディアの本質は、実は共有してはいないものを共有していると錯覚させるところです。

「多くの人と何かを共有できることの充実感」――これに寂しい子どもが、簡単に引き込まれます。

「今のままのあなたでいい」「今のままのあなたがとてもかわいいし、愛している」というメッセージを受け取って育った子は、テレビやほかのメディアの情報を真に受けたりしません。

「テレビの中のことと、自分は違う」ということがきちんと認識できているから、たとえテレビで「今、若者の間で○○が大流行！」という情報を得ても、「ふーん、○○が流行ってるのね、でも自分には関係ないわ」と冷静に対処できるのです。

また、同世代の女の子がスポットライトを浴びても、「私もああなりたい！」と思わないものです。

そもそも、子どもたちの憧れの対象となっている同世代の芸能人も、悩ましい存在です。芸能界で活躍する若い女の子たちを否定するつもりはありませんし、何度も言うようですが、高学歴を持つことが人生を決めるとも思いません。

ただ、中高生の年頃で、朝から晩までテレビに出ていたりする姿を見ると、「学校はどうしたんだろう」「五年後のこの子は、どうなっているんだろう」と思わずにはいられません。

それでも、脚光を浴びられる子は、まだマシです。年端もいかないうちから勉強もそっちのけで本を読んだりよい音楽を聴いたりすることもなく、明日のスターを夢見てオーディションを受けまくっている子や、憧れの歌手そっくりのファッションに身を包むことに打ち込んでいる女の子を見ると、その子の将来を案じずにいられなくなってしまうのです。

そしてもうひとつ、今やテレビよりも巨大なメディアといえるネットについて説明しましょう。この脅威ははかりしれません。パソコンが必須だった時代はとうに過ぎ、各個人が所有するスマホやタブレットで簡単にネットを立ち上げ、瞬時に世界とつながれる時代です。幼い子どもがスマホを上手に操り、動画チャンネルに見入っている光景は珍しいものではなくなりました。

少なくともテレビは管轄省庁があり、テレビ局という大企業が制作しているものですから、嘘八百を公共の電波にのせることはまずありません。

ところが、インターネットは違います。公のものに見せかけて流言飛語をまきちらすサイト、他人を攻撃するもの、騙して金を奪おうとするもの、単に不快な思いを引き起こしたいもの……。そこはありとあらゆるネガティブなものであふれています。同時に、さまざまな感情をかきたて、心を鷲掴《わしづか》みにされるような引力も持ち合わせています。子どもにとってインターネットは害悪でしかない、完全に遮断するべきという考え方が通用する時期はすでに過ぎ、否応なしに付き合わざるを得ない状態になっている、それが今の時代と言えます。

テレビやネットをはじめ、今はありとあらゆる情報があふれている時代です。

多くの人にとって、情報を得ることは、今という時代を生きていくために不可欠なこと。それは確かです。

でも、それだけに情報を取捨選択する知恵や、すべてを真には受けない冷静さが必要です。

ただ無批判に多くの情報を受け取りすぎていると、物事を自分で判断する力がなくなり、次々と流行りものに乗ってしまう軽薄な大人になってしまうか、自分の本質を見失ってしまいかねません。

情報とのつきあい方、距離のとり方を教えられるのは、親しかいません。

子どもに正しいメディアとの関係の持ち方を教えるためにも、まずは親自身が、メディアの言うことを信じすぎないようにする、と心がけたいものです。

Point 24

女の子に「器用貧乏」はいない

「虻蜂《あぶはち》取らず」「二兎《にと》を追う者は一兎をも得ず」などのことわざがあるように、さまざまなことに手を出すのはよくない、集中してひとつのことに取り組み、極めるべきというのは、昔から言われてきました。

これを受験にあてはめてみるなら、「いい学校に入りたければ、勉強に集中せよ。それ以外のことはするな」といったところでしょうか。

こう聞くと、「なんだ、当たり前のことじゃない。アタマをよくしたいなら、勉強以外のことは必要ないでしょう」と思うかもしれませんね。

しかし、ちょっと待ってください。子どもの頃、「○○ちゃんってアタマがいいなあ」と思った女の子を思い出してみましょう。彼女ができたのは、勉強だけでしたか？　勉強だけでなく、音楽や美術などの成績もよかったり、調理実習のときに手際がよかったりしませんでしたか？

「これってどうやるの？」と聞くと、「ああ、それはね……」と教えてくれて、なんでも手際よく、しかもあっさりとできてしまいませんでしたか？

もちろん、国数理社英はできるけれど、ほかはからきしダメ、というガリ勉タイプのできる女の子もいたでしょう。そんな勉強のみの子と比べても、なんでもできる子のほうが、成績も上ではありませんでしたか？

アタマのいい女の子とは、そうしたものなのです。すなわち、勉強だけではなく、美術や音楽などもできて、しかも家庭的なこともきちんとこなせてしまうのが、アタマのいい女の子。

あれこれ手を出したあげく、「虻蜂取らず」になりやすい男の子と比べ、女の子はオールラウンドプレイヤーになったほうが、アタマがよくなるのです。これは、長年多くの子どもたちを指導してきた私の実感でもあります。

オールラウンドプレイヤーになるメリットは、実は公立高校で、それも進学率の高い、いわゆる上級校を受験するときに大いに発揮されます。

進学率の高い上級校では、「推薦枠で多才な子どもをとる」という傾向があります。勉強だけができる子は一般入試でとり、推薦枠で音楽や美術ができる子や、たとえばホームページがつくれるなどパソコンのスキルが高い子など、勉強以外で秀でた分野を持つ子をとろうとします。

こういう子が在学することによって、生徒や学校のクオリティが向上することを、学校側が期待しているからです。A・O入試（学校側が求める学生像に基づいて合否を決める入試方法）などの面接主体の試験で、必ず学校が聞いてくるのが、「あなたは、勉強以外に何ができますか？」なのです。

高校受験だけではありません。大学受験（とくに経済学部で顕著な傾向です）や企業の入社試験でも、一般教養に関する出題が多くなっています。優秀な人材をとろうと思ったら、勉強以外に何ができるかが要になっているのです。これは、すでにみなさんが思う以上に、世の中に浸透している現象です。

また、異性とつきあいたくなる年頃になったとき、いろいろなことができたほうが、出会いの場が広がる、というメリットも見逃せません。これは大人でも同じですが、趣味が幅広いほうが多くの人と出会え、世界が広がるもの。

いい恋愛と結婚ができるかどうかという話だけでなく、見識を深め、人間的な魅力を高めるためにも、いろいろなことができ、さまざまな人と出会うのは、とても大切なことではないでしょうか。

しかしながら、悲しいことに受験態勢に入ると同時に、それまで習っていたピアノや絵画教室、バレエなど芸術的な習い事をやめさせてしまう親御さんがとても多いようです。

あるいは、勉強が大事だからといって、それまでやらせていた家事の手伝いから解放してしまうケースも、よく見られます。

最後の最後ならともかく、一年近く前からそんなことをするのは教育上、害があります。これは、みすみす娘のアタマを悪くし、魅力をそいでしまうことになると、ぜひとも認識していただきたいと思います。

考えてもみてください。ピアノなどの楽器の演奏ができて、絵が描けて、料理をつくらせたらこれが結構うまくて、しかも勉強もできる……。なんとも魅力的な女の子ではありませんか！

その芽を伸ばすのも摘むのも、親の認識次第。「二兎を追う者は一兎をも得ず」などと頭の固いことを言わず、ぜひいろいろなことをやらせ、オールラウンドプレイヤーの魅力的な娘に育てたいものです。

ひとつのもので生じたストレスを、別のことをするときに解放し、そしてそこで得たエネルギーをそのまた先の仕事で使う。このように人間エネルギーは、循環箇所が多ければ多いほど、効率よくバランスよく発揮できるもののようです。

左脳系の勉強に集中するためには、右脳系解放の音楽や運動を取り入れるのがバランスをとるために正解だと、ご理解いただきたいと思います。

「健康な受験勉強のために、かえってテニスやピアノを入れる」——これは、実に理にかなった勉強法です。より多くの方にとり入れていただきたいと思っています。

Point 25

人生の最終目的とは、やりたいことを見つけることである

みなさんは「人生の意味」とは、なんだと思いますか?

温かい家庭をつくるとか、家族に何不自由のない暮らしをさせるとか、人それぞれ「人生の意味」をお持ちだと思います。精神的なことに意味を見いだす人もいるでしょうし、物質的に恵まれることに価値を見いだす人もいるかもしれません。

それらすべてをひっくるめて、端的に「人生の意味」を言葉にするとしたら、私は「人生の意味とは、自分のやりたいことを見つけ、それを実践していくことである」と申し上げたい。

「自分のやりたいこと」とは、すなわち、自分が好きなこと、好奇心を持ち続けられることと言い換えてもいいでしょう。好きなことを見つけ、それを生業《なりわい》とできたら、どれほど人生はしあわせなものになるでしょう。もちろん、綿密な計算のうえに人生を設計していくのも、ひとつの生き方です。女の子は「安全」「安定」を好みますから。

たとえば、ここに就職を控えた、ふたりの女子大学生がいたとします。

ひとりは一流大学の医学部の優秀な女学生で、「特別に医学に興味があるわけではないけれど、医学部なら将来が保証されると聞いたから、医学部に入りました。こちらの病院は給料も飛び抜けていいらしいし、安定した生活も送れそうだし、もしうまくいけば同じ病院の医者の方と結婚してより豊かな生活を送れるだろうから、こちらに就職したい」という考えの持ち主。

もうひとりは「自分はそもそも生命現象に興味があってそれで医学の道に進んだ。だから人の命を救うことを一生の仕事にしたい。こちらに就職できたら、とくに幼い子どもの命をひとつでも多く救いたい。多くの臨床経験により確実に自分の技術を高めていきたい」と考える女学生です。

ふたりが同じ病院の採用試験を受けたら、どちらが受かるかは明らかなことでしょう。ただ成績がよいだけで、人の命ということについて考えてこなかった人は医者という職業に向かないでしょう。このように、世間が望むような職業でも自分が興味があることと関係がない場合は、みだりにその職業を選択しないほうがこれからの時代においては幸福と言えるようです。

仮に、好きでもないことを職業にしたとしましょう。すると、自分から新しい提案をするのが、とても難しくなります。興味がないのだから、なんの発想も生まれないのは当たり前ですよね。

すると当然、仕事の内容は、上から押しつけられたものばかりになってしまいます。そもそも興味のない仕事を、さらに押しつけられるのだから、これは苦痛です。

これに対して、好きなことを職業にしていると、どんなにハードな仕事でも、または肉体的につらくても、疲れを感じずに取り組むこともできるのです。

専業主婦の方でも、大好きなガーデニングなら、炎天下で何時間やっても苦にならないのに、苦手なアイロンがけはまったくはかどらないし、やればやるほどイライラがつのるばかり……というような経験は、日常茶飯事ではありませんか？

さほどに「好きなことをやる」というのは、日々を幸福に過ごすために欠かせないことなのです。

となると、教育においても大切なテーマは、「子どもが好きになれることを見つけてやり、打ち込ませてやる」ことだと言えます。そのために必要なのは、なんと言っても、親の「観察力」です。

「うちの子はこの遊びをしていると、何時間でも集中してやっている」「本人はあまり意識していないようだけど、これが得意らしい」など、遊んでいる姿や何かをしている姿をじっと観察していれば、子どもの「好きなこと」「得意そうなこと」が見つかるはずです。

それを見つけたら、教室に通わせたり、ちょっといい道具を揃《そろ》えたりするなどして、熱中して取り組める環境を整えてやりましょう。これは、親にしかできない教育です。

もちろん、子ども自身が「○○をやってみたい」と言いだしたときは、そのチャンスを逃さず始めさせてやるのは、とても大切です。このとき、注意していただきたいのは、子どもの「おもしろそうだと思って始めたけれど、なんか違う」という気持ちの変化を受け入れてあげることです。

「自分がやりたいって言いだしたんだから、最後までやり遂げなさい！」と強要するのは、嫌いなものを増やしてしまう結果を招きかねません。

とりあえず一度やらせてみる、そして楽しんでいるようなら続けさせる、というスタンスで臨むのがベストです。

「子どもの頃は、教室の先生がイヤでやめちゃったけど、やっぱり好きだから、もう一度やってみようかな」というのも、長い人生にはよくあること。「初志貫徹」「武士に二言はない」的な融通の利かない考えを押しつけるのは、子どものためにもよくありません。

楽しんでやれることは、長続きするはずです。親自身も余裕を持って、子どもが好きなことを見つけてやることが大切です。

Point 26 物事を楽しめる子は、アタマがよくなる

そもそも、私は男性より女性のほうが「物事を楽しむ力」にすぐれていると思っ

ています。

とかく男性は、楽しめることならとことんやるけど、そうでないことは「イヤで仕方ない」と思いがちです。その結果、楽しめることが少なくなり、「人生退屈なことばかり」になってしまいます。

それに対して女性は「さほど興味がなかったことでも、やっているうちにおもしろくなって、楽しめてしまう」という特性があります。

たとえば、子どもにつきあわされて、子ども向けのイベントに行ったときなど、この差が顕著に現れます。最初から最後まで興味が持てず、会場の片隅でスマホをいじって終わるのを待つしかないのが父親です。それに対して、母親は最初こそ冷めた目で見ているものの、次第にのめり込んで、最後には子どもより夢中になってしまうのではありませんか？

家に帰ってから、「ああ、つまらない一日だった。こんなことなら寝ていたほうがマシだった」とため息をつくのと、「ああ、おもしろかった！　また行こうね！」と目を輝かせるのを比べてください。

どちらが得かなど改めて考えるまでもなく、断然楽しめてしまったほうが得に決まっています。物事を楽しめるか否かは、少々大げさですが、人生の充実度で格段の差を出してしまうものです。

どんなことでも楽しめると、必然的に「苦痛なこと」「イヤなこと」の数が減っていきます。

言うまでもなく、長い人生、楽しいことばかりではありません。退屈なことも多いし、興味を持てないことのほうが多いとさえ言えます。そうした退屈なこと、楽しくないことを徹底的に避けて生きることができれば、どんなにいいでしょう。

しかし、「退屈だし楽しくもないけれど、やらなければならないこと」の連続が、人生とも言えます。だとしたら、「退屈、つまらない」と文句ばかり言わないで、その中に楽しさを見つけ、楽しんでしまうほうがいいでしょう。

家事だってそうです。洗濯物を畳むのは退屈だし、ぬか床をかき回してぬか漬けをつくるのは、苦痛かもしれません。でも、創意工夫を凝らすことにより、退屈なことや苦痛なことが楽しくなってくるのは、みなさんも経験があるでしょう。

もちろん、仕事でもそうです。山のような書類に取り組み、細かい数字と格闘することには創造性がほとんどなく、退屈きわまりないと決めつけてしまえば、それまでです。でも、効率のよい書類整理法を編み出したり、無味乾燥な数字の羅列から何かを読み取ろうとするうち、俄然《がぜん》仕事がおもしろくなってくることがあるものです。

「物事を楽しめる力」には、創造力が欠かせません。「どうすればおもしろくなるだろう」と考え、「こんなことをしてみたらどうかな?」と、余計なことかもしれないと思いつつも、やってみるのです。

これこそが「創造力」です。そして、その源になるのが、実は「受け入れる力」なのではないでしょうか。

「これは退屈、つまらない、嫌い」と切り捨ててしまうのは、実に簡単です。しかし、「どうすれば、このつまらないことが楽しくなるか」と考えるのは、「どうすれば、これを受け入れることができるのか」につながっていきます。

先ほども申し上げた通り、人生は楽しいことばかりではなく、むしろつまらないことのほうが多く、好きな人より嫌いな人のほうが多いものです。

だとしたら、なんとかして受け入れる道を探り、楽しんでしまうほうが、人生はより楽しく、充実し、輝きはじめるのではないでしょうか。

「物事を楽しむ力」は、女性のほうがすぐれている、と最初に述べました。ですが、それは放っておいても育つものとは限りません。そのためには、小さい頃から家の仕事や読書、ありとあらゆる遊びに至るまで、いろいろな体験をさせることです。そうすれば、子どもの中で「どうしたら、もっとおもしろくなるだろう」という考えが、習慣化されます。

子どもにとって、物事を楽しむ力が最大限に発揮されるとき、それは信じられないかもしれませんが、実は勉強するときです。

押しつけられて、いやいや勉強をする、あるいは、やりたくないけれど、仕方ないから勉強をする――これでは、学力が伸びるはずがありません。仮に伸びても、持って生まれた能力の限界を超えるのは、とても難しいでしょう。

そうではなくて、「物事がわかるおもしろさ」や「問題が解ける爽快感」を知った子どもは、勉強がどんどん楽しくなります。そして、どうすれば勉強がさらに楽しくなるか、自分で工夫するようになります。これでアタマがよくならないはずがありません。

子どものアタマをよくしたかったら、いろいろなことを体験させるなかで、楽しむ力をつけさせることです。

一見、遠回りに思えるかもしれませんが、これこそが教育の根本とも言うべき躾だ、と言えるのではないでしょうか。

Point 27

「受容力」のない子は、負け犬になる

「受容力」とは、文字通り「受け入れる力」です。よく「キャパシティが大きい」という言い方をしますが、どんなものでもすぐに「好きか嫌いか」と白黒はっきりつけず、「あまり好きではないけれど、嫌いでもない」というグレーゾーンの幅が広い子は、人生の選択肢が広がり、しあわせを手に入れやすいものです。

女性は本質的に、この「受容力」を持っています。物事をあいまいなまま受け止めたり、とりあえず受け入れたりする特性があります。「YES」と「NO」だけではなく、ふたつの答の間に「たぶんYES」「まあYES」「YESかもしれない」などがたくさん並んでいるのが、女性というもの。

これに対して男性は、「物事はYESかNO、以上!」で終わってしまう場合が

多いと言えます。そうでない場合は、優柔不断な男性とされ、頼りなく思えてしまうものです。

「NO」の事柄はさっさと忘れて、「YES」の事柄を探しに行ってしまうのが男性で、「YES」「NO」は横において、目の前にあるものをどうすれば受け入れられるかを考えるのが女性、と言い換えられるかもしれません。

学問や芸術の分野、またはビジネスの分野でも、何事かを成し遂げる人というのは、「自分にはこれしかない!」と、ほかのものを切り捨てて、ひとつのことにのめり込み、打ち込むといいます。いかにも、ビジネス書に太字で書いてありそうなことですよね。まあ、確かに一理あるでしょう。

子どもの頃から理科が大好きで、理工学部に進学し、ノーベル賞を受賞する人もいるでしょう。または、小さな頃から絵を描くのが好きで、のちに世界的に評価される芸術家になる人もいるでしょう。

その一方で、激しくのめり込み、打ち込んだものの、何事をも成し遂げられなかったどころか、ひとつのことばかりにのめり込みすぎたあまり、ほかのことが何もできないような困った人が多い現実を、決して忘れてはなりません。

「しあわせな人生とは、趣味や楽しみが多い人生のこと」――これは、私が首尾一貫してみなさんにお伝えしたいことなのですが、多くの楽しみや趣味を持つためには、「これしかない！」と決めつけすぎないことも、欠かせないと思うのです。

そこで重要になってくるのが、ここでも「受容力」です。物事を受け入れる力がある人は、楽しみを見つけやすく、趣味も見つけやすいのです。すぐに「これはいらない」と言わず、「とりあえずやってみましょう」と思えるからです。これにポイント26でも説明した「物事を楽しむ力」が加われば、まさに鬼に金棒。しあわせな人生を送れるのは、間違いないと言ってよいでしょう。

先ほど、「女性は男性に比べて〝受容力〟がある」と説明しました。でも、女性の社会進出が進むにつれて、そうとは言えないケースも出てきたように思えます。それこそが、仕事に打ち込むキャリアウーマンです。

ポイント26で、女性は「つまらないことでも、楽しめてしまう力にすぐれている」と申し上げましたが、この力が存分に発揮されるのが、何を隠そう、仕事の現場なのです。人から見れば、退屈きわまりない仕事でも、女性はその創意によって楽しみを見つけ、夢中になって取り組むことができます。このこと自体は、非常に素晴らしい能力・才能であり、否定されるいわれはどこにもありません。

ただ、仕事に夢中になるあまり、自分の全存在を仕事にかけてしまうようになると、問題が生じます。「自分には仕事しかない。仕事が自分のすべて」と思い込むような状況は、今の時代、女性のほうがはまりやすいのかもしれません。

それだけならいいのですが、こうなった女性は、結婚や出産を否定しがちです。仕事に全存在をかけて打ち込む自分の生き方とは正反対の、専業主婦を受け入れられず、「専業主婦になる人の気がしれない」と、バカにしたような発言を平気でしてしまう無神経なキャリアウーマンも、よく見かけることでしょう。そこには、「受容力」のかけらも見当たりません。これで仕事人生を全《まっと》うし、サクセスを手に入れたとして、それでその人の人生はしあわせなのでしょうか？

勘違いしていただきたくないのですが、仕事に打ち込む女性を否定するつもりはありませんし、結婚・出産こそが女性のしあわせである、などと言うつもりもありません。

かつて、「三〇代後半、未婚で子どものいない女は負け犬である」と、女性自らが宣言した『負け犬の遠吠え』という本がベストセラーになりました。当時の女性の間で賛否両論が繰り広げられたといいますが、今の時代ではどう受け止められるでしょう。「仕事」「夫」「子ども」と、より多くのカードを持ち、たくさんの楽しみを持っているほうが、人生は充実しているのではないかと、私には見えるのです。これはほかならぬ、最近、華道や茶道などお稽古事に走る働く女性たちが、実感していることと言えます。

なんでも「好きか嫌いか」と白黒つけず、さまざまなことを受け入れる力を身につけること。それは、娘を「負け犬」にしないためにも、必要な教育と言えるでしょう。

Chapter 03

第三章

はぐくむ

Point 28

女の子でもっとも大切なものは「感受性」である

さて、あなたはお嬢さんが生まれたとき、あるいは授かった子どもが女の子だとわかったとき、どんな子になってほしいと願いましたか？

もちろん、健康に育ってほしいというのは、すべての親の願いですが、その次に願ったことは、「明るく優しい子になってほしい」「誰からも愛される子になってほしい」などの「かわいらしさ」を願ったのではなかったでしょうか。

女の子を持ったときに親が願うことに、「女の子としての特性・魅力」のすべてが凝縮されていると思うのです（女の子の名前のつけ方にも、それが現れていると思います）。

女の子の特性・魅力をひと言で言い表すとしたら、やはり「かわいらしさ」に尽きるのではないでしょうか。

花や動物など、小さなものに対する愛情や、人の気持ちを敏感に察して子どもなりに優しい言葉をかけるなど、こまやかな感情がごく自然にあふれている様子を見ると、人は「ああ、女の子ってかわいいなあ」と、心が温かくなるもの。そんな感情を思い起こさせてくれる存在が、女の子ではないでしょうか。

もちろん、女性はかわいいだけの存在であればそれでいいとは申しません。自分の意見を持ち、必要なときにはしっかりと主張できる強さや、誰かに依存しなくても生きていける自立した精神は不可欠ですし、経済力や社会性も必要です。

それでもなお、男には男にしかないよさがあるように、女には女にしかないよさがあり、それは「かわいらしさ」という言葉に集約されると思えてなりません。

では、その「かわいらしさ」は、どこから生まれるのでしょうか。それこそが、「感受性」である、と私は思います。

「感受性」とは、さまざまなことやものに対して敏感に反応し、みずみずしい表現で思いを表す心の働きとも言えます。花に話しかけたり虫の音を愛でたり、美しいものに出合ったときの感動を思いのままに表現するなど、子どもによって現れ方は異なります。

ここで大切なのは、「感受性」は育てようとして育つものではない、ということ。

もちろん、大きくなってから展覧会に連れて行ったり、クラシックのコンサートに連れて行ったり、あるいはきれいな風景を見せるなどして、美しいものに触れさせることで、美に対する感性を磨くことは可能です。ただ、そもそも「感受性」とは、一人ひとりが持って生まれたものであり、どんな事柄に触発されてはぐくまれていくかについても、個人差があります。

それだけに大切なのは、子どもに「感受性」のきらめきが見えたときに、親がすかさず反応してやることに尽きます。「感受性」の教育ですから、親の「反応」が大切になってくるのです。

花に話しかけている姿を見たら、「お花はなんて言っているの?」と聞いてあげたり、虫の死骸を見つけて涙ぐんでいたら、「かわいそうね、お墓つくってあげようか?」と、その気持ちに寄り添ってあげるなど、子どもが浸っている世界を崩すことなく、さらに空想が広がるように、さりげなく導くことが大切です。

そうすることで、「感受性」はさらにはぐくまれ、より輝くようになります。

もっともいけないのが、「くだらない」とか「気持ち悪い」などという無神経な言葉です。子どもの「感受性」を潰してしまうのは、言うまでもありません。

弱いものに対する思いやりや、他人の境遇に自らを重ねて心から同情したり悲しんだりできる優しさは、「感受性」なくしては生まれません。あらゆる事柄に美しさや愛らしさを感じとる、こまやかな感情の動きも同様です。

ガサツで無神経な女性を見ると、たとえその人が美人であろうが、博識であろうが、仕事ができようが、優秀な能力の持ち主であろうが、思わず眉をひそめたくなりませんか？　ちらかっていても平気な女性も、同様です。

わが子が他人からこんなふうに白い目で見られることのないように、きらきらと「感受性」が輝いているときを見逃さず、大切にはぐくんであげてください。

Point 29

ピアノが弾ける子は、アタマがよくなる

このようなタイトルをつけておきながらなんですが、これはピアノに限った話ではありません。バイオリンなども含めた楽器全般と言っていいでしょう。これら楽器演奏の習得に関するすべての学習のベースにあるのは、「忍耐力」です。

ピアノやバイオリンと「忍耐力」にどんな関係が……と思った方は、おそらく楽器を弾いたことがないか、あるいは楽才があって苦もなく楽器が弾けるようになったか、そのどちらかでしょう。楽才に恵まれないほとんどの人は、楽器がうまく弾

けるようになるまでは、つらく苦しい道のりを歩まねばなりません。

初めてピアノなどの楽器を弾いている人を見たとき、多くの子どもは簡単に「自分もやってみたい！」と言いだすものです。それは、その人がいとも簡単に、楽しそうに楽器を弾き、その結果、美しい音楽を奏でているからにほかなりません。こんなに簡単そうなら、自分にもできるかもしれないという勘違いから、子どもは「自分もやりたい」と言うのです。

ところが、美しい音楽を奏でるためには、相当な練習が必要だということは、いざ楽器を習い始めれば、子どもにだってすぐにわかります。指は思うように動かないし、楽譜はすぐには読めないし、バイオリンに至っては、まともな音さえ出すことができません。

これはなまなかなものではない、と悟ったとき、子どもは愕然《がくぜん》とします。でも、すでに高いお金を出して楽器を買ってしまった親は、簡単にやめさせてくれるはずもありません。

では、どうすればいいのか。忍耐しかありません。楽器が弾けるようになり、演奏が楽しめるようになるまでには、ひたすらつらい練習に耐え、なかなか上達しない自分に対するいらだちに耐え、教師に怒られるのに耐え……と、楽器を習うのは、忍耐の連続とも言えます。

ポイント25で「子どもがやりたいと言いだしたことは、とりあえずやらせてみる。しかし、もし子どもが続けることに苦痛を感じるようなら、強要しないほうがいい」というお話をしました。ですが、楽器に関する習い事だけは、話は別です。

なぜなら、親の投資額もケタ違いになるからです。ピアノがやりたいと言いだしたからピアノを買ってやり、やっぱりピアノよりバイオリンのほうがいいと言いだしたらバイオリンを買ってやり、バイオリンはつまらないからハープを習いたいと言いだしたらハープを買ってやり……。このような、あり余る経済力と子どものわがままを許してしまう愚かさを併せ持つ人は、そうそういないことを願いたいものですが、もしこんなことがまかり通ると思って成長したら、どんなに傍若無人で耐えることを知らない大人ができ上がってしまうのか、考えただけでもそら恐ろしくなります。

投資額を抜きにしても、楽器の習得には忍耐がつきものだし、楽器の演奏を習うのは、「忍耐力」を育てるまたとない機会だからこそ、どんなに途中でイヤになってしまっても、やりたくないとゴネても、続けさせるべきなのです。

なぜそこまでして「忍耐力」をはぐくむ必要性を強調するかというと、勉強には「忍耐力」が欠かせないからにほかなりません。すべての勉強には、つらく苦しいのを我慢して、ひたすら忍耐強くやらなければならない時期があります。この時期を越えれば、勉強がおもしろく思えるようになったり、勉強が楽しいと感じるようになったりするのです。それまでは、たとえつまらなくても、退屈でも、苦痛でも、コツコツやるしかありません。

ピアノが弾ける女の子はアタマがよくなる、と申し上げた理由は、もうおわかりでしょうか。どんなにつらくても毎日ピアノの練習をし、思うように弾けるようになった子は、確実に忍耐強い。この忍耐強さが、コツコツ勉強をするという地道な努力を重ねる力の源になり、苦痛が楽しさに変わる喜びを知っている子が、アタマのよくなる子どもなのです。

先にも述べましたが、そもそも女の子の学力は、コツコツと地道に日々の学習を積み重ねていくことで伸びていくという特性があります。そのためには、「つまらなくても、苦痛でも、とにかくやり続ける」という「忍耐力」が欠かせません。

もう一度言います。ピアノなりバイオリンなり、楽器を習いはじめたら中途半端なところでやめさせるべきではありません。なだめて、すかして、それでも嫌がるなら、叱ってでも毎日楽器に向かわせ、つらくてもできるだけ練習を続けさせる習慣をつけるべきです。そのことで、楽器が弾けるという能力が得られるだけでなく、「忍耐力」がついて、結果的に学力がアップするのですから。

Point 30 上手な買い物は、「判断力」をはぐくむ

判断力や決断力が重要なのは男であって、女にその能力は必要ではない、という考え方があります。「女は黙って、父親や夫の決めたことに従っていればいいんだ」という男尊女卑の思想にもとづいた、まさに前世紀の遺物としか言えない考えです。今がそんな時代ではないのは、みなさんご存じの通りだと思います。

それなのに「これからは女性もきちんと自己主張しなければ」と思っている人でも、実際はいざ娘を前にすると、「ぐずぐず文句言ってないで、言う通りにしなさい！」などと言ってしまいがちです。しかも、そういう母親に限って、しっかり

と自己主張ができる強い女性が多いような気がします。「女は黙って男に従え」と、「子どもは黙って親に従え」との間にどれほどの差があるのか、一度考えていただきたいものです。

強くて聞く耳を持たない、理不尽な母親や父親を持った子どもほど、自己主張の機会を奪われ、その結果、判断力や決断力のない人になりがちです。

子どもに自己主張をさせない親というのは、ものの与え方にも現れます。こうした親は、得てして「サプライズ・プレゼント」が大好きです。何も言わずにレストランに行ってごちそうを食べさせてやる、買ってほしいと子どもが言う前に欲しがっていたものを買ってくる、夏休みの旅行先も、連休の行楽地も、すべて親が決めてしまう……。

予想もしていなかったおいしいものやプレゼント、未知の場所に出合ったときに子どもが見せる驚きの表情や歓声は、親にとって喜びであり、娯楽でもあります。でも、こんなことを続けていると、「突然目の前にステキなものが現れたり、ステキなことが起きる」ということが常態になり、いつの間にか習慣になってしまいかねません。

とくに自分で考えたり、決めたりしなくても、自動的にステキなものが現れ、ステキなことが起きると思って育った子は、次第にものを考えなくなります。考えても無駄だし、周囲に従ってさえいれば、何も考えなくても望みの結果が得られるからです。

ものを考えないということは、脳の働きが低下するということ。つまり、バカになるということです。

「子どもに必要だから」と、子どもの意見も聞かずにものを買い与えたり、どこかに連れて行ったりすることで、親はわざわざわが子のアタマを悪くしていると言えます。アタマのいい子にするためには、自分で考えて決めるという「判断力」を身につけさせることが不可欠です。

では、どうやって子どもの「判断力」をはぐくめばいいのでしょうか。

たとえば、子どもと買い物に行くのは、非常に効果的です。あらかじめ、「季節が変わって去年のスカートはもう小さいから、一緒にデパートに探しに行きましょう」などと約束します。すると女の子は、いろいろ想像して夢をふくらませます。

しかし、実際は夢と現実は違うわけです。

みなさんも経験があるでしょうが、たとえば服を一着買うにしても、買い物には「判断力」が欠かせません。自分に似合うかどうかに始まり、手持ちの服と合うか、どのくらいの期間着られるか、色や素材はどうか、若づくりに見えたり老けて見えたりしないか、価格は適正かなどなど、めまぐるしくさまざまなことを考えた末に判断するのが買い物です。

これを、子どもにやらせましょう。初めのうちは、好きな色、好きなキャラクターという理由で服を選ぶかもしれません。そのとき、「この色の服、たくさんあるよね？」「このキャラクターって、ちょっと子どもっぽくない？」などと意見を挟んで軌道修正させ、最終的には自分で決めさせるのです。そうすることで、次第に子どものなかで「判断力」がはぐくまれていきます。

最近は、カタログやインターネットで買い物をする人が増えてきました。確かに、家にいながら服が買えるなら、「ほかの服と合うかどうか」など、冷静に比較検討できますし、何より出かける手間が省けるので、便利かもしれません。

ただ、私はこのような買い物の仕方には教育上、反対です。実際に触れてみて、試してみて、使っている場面を想像してみた末に、総合的に判断して買うかどうかを決める手順は、なかなか決断を下せない子どもにこそ、よい実践教育の場だと思うのです。もちろん、それらをわかったうえで、ネット・ショッピングをするのなら問題はありません。

賢い買い物法は、子どもの「判断力」をはぐくみ、アタマをよくするもの。いつも誰かが決めてくれるのをボーッと待っているような子どもにしないためにも、ぜひ取り入れてみてください。

Point 31

芸術の素養がある子は、能力の伸び方が違う

ポイント30で「子どもには〝判断力〟が必要」というお話をしましたね。

では、そもそも「判断力」とはなんなのでしょう。それは「物事を客観的に比較検討し、情報を収集して総合的に決断を下す」ということにほかなりません。

これと相対する能力が「直観力」で、これは「理屈抜きで心情が動いたものに従う」ということ。そして、「判断力」と「直観力」の両方を併せ持つことが、真の意味の賢さだと言えます。

これは、「判断力」を学問、「直観力」を芸術に置き換えてもよいでしょう。

学問とは、身の回りで起きる森羅万象に興味を持ち、それらの事柄が起きる原因を突き止めるために、さまざまな検証を行うことで、科学の心がその基本です。

これに対して芸術とは、身の回りで起きる森羅万象に触発されて動いた自分の心情を、さまざまな形や音を創造することによって、自分以外の者に伝えようとすることで、その基本には自己表現があります。

学問と芸術は、対極にあるように思いがちですが、その根は「自らを高めようとする営み」という点で共通です。

学問に不可欠なのは「好奇心」であり、芸術に不可欠なのは「感受性」だということを考えても、あるいは学問でアタマ、芸術で心が伸びることを考えても、学問と芸術はともに教育の柱と言えるでしょう。

ところが、子どもを育てるときに、学問は重視されるのに対して、芸術はないがしろにされる傾向があるように思えてなりません。

これは大きな間違いです。

前に触れたように、女の子は男の子に比べると、そもそもが「感受性」豊かな存在です。小さなものに対する愛着心、きれいなものやステキなものを見つけたときに、目をキラキラ輝かせてうっとりする心の動きは、幼い頃ほどたくさん見られたはずです。

ところが、いわゆる「いい学校」を受験するという理由で、詰め込み学習を強要したり、学校から帰ったら塾・予習・復習……などとやっているうちに、驚くほど急速に「感受性」のきらめきが失われてしまいます。これは、みすみす女の子の魅力を奪っているにほかなりません。

そんなとき、子どもが自分を高める手段として、芸術の素養があれば、どれほどいいでしょう。絵を描いたり、楽器を演奏したりすることは、子どもから「感受性」の輝きを奪わないために、どうしても必要なものなのです。

先にもお話しした通り、楽器の演奏を習うことは、忍耐の連続です。しかし、この時期を越えれば、楽器を使って自分を表現することができるようになります。与えられたテーマで絵をコツコツ描いていた子なら、自分の心情を絵で表現できるようになるし、たくさんの本を読んで物語の世界に親しんでいた子なら、自分の気持ちを文章に表せるようになります。

すべての子どもが、自分を高め、自分を表現する手段として、芸術の素養を持っていてほしいと、長年多くの子どもたちを指導してきた私は、強く思わずにいられません。

成績や偏差値のポイントが上がると、親は子どものアタマがよくなったと嬉《うれ》しくなります。でも、目に見える数値ばかりに気を取られていないで、子どもが見せる「感受性」のきらめきや、音楽や絵など芸術的な感性を見落とさないでほしいのです。とはいえ、ただ放っておけば芸術の素養が芽生えるというものではありません。

わが子にどんな芸術的才能が眠っているかを見抜いて……などというと話はややこしくなりますが、要は子どもが遊んでいる様子や表情の変化、日々のおしゃべりなどを観察することだと思うのです。

ほかの遊びはすぐに飽きてしまうのに、紙とクレヨンを渡すといつまでも何か描いているとか、友達が習っているピアノの話をするときに、いかにもうらやましそうな顔をするとか、音楽が鳴ると踊りだすとか、そんなささいなことから、わが子に何を習わせるとよいかを、見抜くのです。

子どもを観察することは、教育の基本です。そして、それをもっとも的確にできるのが、親です。観察なくして、子どもは決して育ちません。表現行為である芸術の素養も、観察なくして発見することはできません。

成績表やテストの点数ばかり見ていないで、子どもをもう一度よく見て、わが子に眠っている芸術の芽を見つけだしてください。

Point 32

「わかってくれる人」がいれば、子どもは歪まない

おそらく、この見出しを見たほとんどの方は「そんなの当たり前じゃない！誰よりも親が子どものことを理解しているんだから、うちの子が歪《ゆが》むわけないわよ！」と思ったのではありませんか？　確かに、親は子どもの第一の理解者ですし、そうあらねばならないと思います。

でも、私がここで申し上げたい「わかってくれる人」というのは、親のことではありません。兄弟や姉妹のことでもありません。家族以外の誰か、のことなのです。

これは、大人にもあてはまります。人間は、いくつになっても「自分を理解してくれる存在」を必要としているからです。でも、それが親や兄弟姉妹、配偶者だけ

では、なんとも寂しいのではないでしょうか。

身近な家族以外の誰かが、自分を理解し、認め、受け入れてくれていると実感できるだけで、自分はひとりじゃないんだと思えるものだし、たとえ何かが起きたときでも、ふんばる気力がわいてくるものです。

もちろん、友達や会社の同僚などでもいいのですが、少しだけ距離のある人の中に自分を理解してくれる人がいたら、なんだか余計に力がわいてくるような気がしませんか？

たとえば、同僚だけでなく先輩や上司、学生時代の友達だけでなく恩師、同世代のママ友達だけでなく年の離れた近所の奥さんなどなど、「年上の理解者」の存在は、心強いだけでなく、自信をもたらしてくれるものです。

子どももそれと同じ。常に自分を見ていてくれる親が理解者なのは当たり前ですが、家族以外の理解者が、子どもには必要です。本来なら、学校の教師が「家庭外の子どもの理解者」でいてくれるのが理想ですが、これが現実にはなかなか難しいということは、すでにみなさん実感されていることでしょう。ちょっと悲しいことですが……。

では、どんな人が「家族以外の子どもの理解者」になってくれるのでしょうか。何も、あまり難しく考える必要はありません。

たとえば、家にちょくちょく遊びに来る親の友達であるとか、近所のおじさん、おばさんでも構いません。子どもと会ったときに、「元気？　大きくなったね。最近はどうしてるの？」などと、気安く声をかけてくれる程度でもいいのです。「この人は自分を理解してくれている」とまではならなくても、「自分の存在を認めてくれている。見ていてくれる」と思えるだけで、子どもは嬉しく感じます。

なかには、顔を見るたびに「勉強してる？」「本読んでる？」「お母さんの言うこと聞きなさい」などと小言ばかり言う人もいるでしょう。しかし、言葉はきつくても子どもに対する好意があれば、それは伝わるものです。

子どもに親しく声をかけてくれ、好意を示してくれる人はどんな人でも構わないのですが、理想的なのは自宅の近所にいること。毎朝、学校に行く途中で必ず挨拶を交わし合う近所のおじいちゃんとか、下校途中で犬の散歩中に会って「お帰り。きょうは早いのね」と声をかけてくれるおばさんなどは、望ましい存在です。もちろん、その人と親がある程度親しいことも、必要でしょう。

最近は、近所づきあいをしない方も増えているようですが、ご近所と円滑な人間関係を結ぶことは、子どものためにも欠かせないということを、再認識していただきたいと思います。

もう一歩進んだ子どもの理解者を得られるとしたら、それはピアノなどの習い事教室ではないでしょうか。家族以外の理解者として、週に一度は必ず会う習い事教室の先生ほど適任者はいません。とくにピアノや絵画教室などは、ご近所のクチコミで選ぶことが多いものです。そのとき、「あの先生はテクニックがある」「びしびし鍛えてくれる」ということばかりに気を取られず、「子どもが好き」「それぞれの子の個性をよく見てくれる」などの評判を聞いてみることが大切です。

自分のことをわかってくれる、わかろうと努力してくれる先生と出会い、週に一度会えるのなら、どれほど子どもにとって心強いことでしょう。こうした理解者に出会えた子どもは、非行に走ったり、精神的に歪んでしまったりする確率がぐんと低くなります。

自分に何かあったとき、心配してくれたり、悲しんでくれたり、ときには怒ってくれたりする人が多いほど、子どもはまっすぐに育つもの。それには、親自身が社交的になり、多くの人と子どもが出会う機会を増やすことが欠かせません。

人づきあいが苦手……という方もおられるでしょうが、子育てにおいて親だけではできないことはたくさんあります。人の助けを借りるというと大げさですが、まずは近所づきあいを始めてみるのがとても大切だと思います。

Point 33 兄貴の「獲物」で、妹は育つ

多くの子どもたちを指導しているうちに発見した「できる子どもの法則」はいくつもあります。そのうち、兄弟姉妹に関するものがふたつ。それは、「お姉ちゃんが多いほど、男の子はダメになりやすい」と「兄貴がいると、女の子は優秀になりやすい」です。

この本の主旨から少しはずれてしまいますが、まず前者からご説明しましょう。

「お姉ちゃんが多いほど、男の子はダメになる」――女の子、女の子ときて、最後に末っ子の男の子が生まれた、というケースがこれですね。最初に申し上げておきますが、こういう男の子は、モテる子になる可能性が大です。女の子のわがままを

あしらう方法や、女の子の独特のノリや機微をつかむことには、小さな頃から長《た》けているからです。これは「生まれつきうまい」としか言いようがありません。

しかしその一方で、男の子に欠かせないダイナミズムや決断力が、いまひとつ育たないのです。お姉ちゃんたちにとって、小さな弟はまさに生きたお人形のような存在です。母親のように、あれこれと世話を焼いてしまいます。これが非常によろしくない。

母親なら、ある段階で「これ以上世話を焼いたら、この子の自立心が育たない」と気づくのですが、お姉ちゃんたちは子どもだから、加減というものを知りません。それゆえ、いくつになっても弟を赤ちゃん扱いして、身の回りのことから何から、先回りしてすべてやってしまうのです。そして、でき上がるのが「自分のことは何ひとつできない」「自分のことを自分で決められない」男。

下品な言い方ですが、こういう男は長じて「ふにゃチン男」と言われ、ダメ男の代表格になってしまいます。

ですから、女の子の親御さんに気をつけていただきたいのは、弟ができたとき。お姉ちゃんが下の子の世話を焼いてくれて助かるのは、非常によくわかるのですが、世話を焼かせすぎないよう、くれぐれも気を配ってほしいと思います。

これに対して「兄貴がいる女の子」――これは、優秀な女の子に育つケースが多いものです。再三申し上げている「男の子の特性と女の子の特性」の違いに、大いに関係していると思います。

女の子は、身の回りのささいなことにきめ細かく反応し、こまごましたことをたくさん見つけますが、男の子は遠くにあるものを大づかみでとらえて持ち帰り、自分のものにしていきます。

どちらがよいというのではありませんが、「遠くの情報や、身の回りでは得られない経験」と、「見落としがちな身近なこと」の両方を手に入れることができれば、間違いなく、それが豊かな人生を送るための大きな武器になります。

そこで、「兄貴がいる女の子」です。お兄ちゃんは遠くまですっ飛んでいき、いろいろな情報を集め、さまざまな経験を積んで家に帰ります。妹はお兄ちゃんの話から、まるで自分がしてきたかのように、遠くの情報を手にすることができるし、お兄ちゃんの経験からさまざまなことを学びます。面倒見のいいお兄ちゃんなら、妹を連れて遊びに行ってくれますので、およそ普通の女の子がしないような経験までできてしまいます。

かくて「兄貴がいる女の子」は、男の子ならではの幅広い情報や経験を得られる一方で、女の子ならではのこまごまとした発見を積み重ねることができる、というわけです。これはまさに、鬼に金棒ではありませんか。

もうひとつのメリットは「男を見る目が培われる」ということ。

「女のしあわせは男次第」などという、男尊女卑な戯《ざ》れ言を申し上げるつもりは毛頭ありませんが、「優秀な女性ほど、ダメ男に引っかかる」ケースは、世の中でイヤになるほど見かけますよね。

生活能力のない夢見がちな男を養ってみたり、男らしさをはき違えた粗暴な男に「私がついていなきゃダメなの」と、ヒロイックに思い込んだりするのは、得てして高学歴で仕事もできる優秀な女性に多いように見受けられます。

こんなケースを子細に見ていると、どうも「女の一人っ子、あるいは姉妹のみ」という人が非常に多いのです。これは、身近に年齢の近い男性モデルがいないことが、彼女の「男を見る目」を曇らせている、と考えざるを得ません。

男とはどういう生き物で、どういう美点とどういう欠点があるのか。真の意味で優秀な男とはどういう人間か。自分自身がよりよく生きるために、どういう男をパートナーに選ぶべきか……。これらを学ぶためにも、女の子にとって幼少時代から身近に同年代の男の子がいることは、非常に大切です。その、最適なモデルケースとなってくれるのが、実の兄であり、兄の友達連中なのです。

とはいえ、今からお兄ちゃんをつくるのはタイムマシンにでも乗らない限り、不可能です。そういう場合は、小さな頃から積極的に男の子たちと遊ばせることをおすすめいたします。もし男兄弟もなく、男友達も少ないのなら、せめて中学までは共学校で学ばせ、男の子と触れ合う機会を持たせるべきでしょう。粗雑な女性になってしまうのでは……という不安を補って余りある、絶大な好影響があることを、強調したいと思います。

しかし、どうしても男の子の粗暴さが嫌な子がいると思います。その場合は無理をせずに女子校を選んでください。

Point 34

「分別あるまねっこ」が、子どもの能力を引きだす

小さな子どもは、「まねっこ」が大好きです。男の子も女の子も、ヒーローものやアニメの変身シーンとか、決めポーズとかのまねをよくしますよね。親戚や友達が集まったときなどに「あれやってみせて」などとリクエストしてやらせ、場を盛り上げる……ということは、どなたも経験があるでしょう。

男の子は小学校に上がる頃になると、ヒーローもののまねはしなくなってくるものですが、女の子はちょっと様子が違います。さすがにヒーローものやアニメのまねはしなくなるものの、今度はアイドルや好きな歌手など芸能人のまねをするようになります。なかには、アニメ（小さな子ども向きではなく、ちょっと大きな子向けのもの）にハマり、主人公の決めゼリフのまねをしたりする子もいるようです。

私はテレビや芸能人、アニメにハマりすぎる子は、親に充分かまわれていないケースが多いように感じています。とくに、芸人や歌手のまねをしたり、アニメのまねをしたりする子は、心に寂しさを抱え込んでいる可能性が非常に高いのです。ポイント1でも述べましたが、子どもなりに周囲の目を引きつけようとすることは、

「私を見て！」というサインの現れだと思えてなりません。

ですから、もしあなたのお子さんがテレビのまねばかりしているようなら、親子の接触やコミュニケーションを見直していただきたいと思います。

……と、このようなお話をしていると、すべての「まねっこ」を否定的にとられてしまうかもしれませんが、私は決してそうは申しません。

たとえば、一流スポーツ選手が偉大な先輩に憧れて、子ども時代にそのフォームをまねしたという話は、非常に多く聞く話です。野球でいえば昭和なら王貞治選手、平成ならイチロー選手と、時代を代表する名選手は、多くの野球少年たちにとって憧れの存在であり、かっこうの「まねっこ」のネタでありました。スポーツでは優秀な選手のフォームなり、練習メニューなりをまねすることは、非常によいことです。

とくに女の子は「これはまねをしたほうがいいな」という、お手本を見つける力があります。言い換えれば、憧れの対象を見つけるのが好きで、その人と自分を同化させようとする傾向があるのです。

前述のように、テレビの中のアイドルやアニメのまねをしたがるのも、その傾向がなせるわざ。憧れの対象やお手本を見つけ、その人と自分を同化しようとする力がうまく働けば、非常によい結果を生むことにつながります。

先にご紹介したスポーツの例ばかりでなく、年上の女性のきれいな所作に憧れてまねをしたり、ピアノが上手な子に憧れてその子と同じ練習法を取り入れてみたりするのは、その好例です。特定の女友達とずーっと一緒にいたいと思うのも、仲のいい友達と同化したいという気持ちの現れという場合が多く、親としてはいい影響を与えてくれる友達や、子どもが憧れるようなお手本と多く出会える機会をつくるのは、とてもよいことでしょう。

ただ、そうそう「お手本になりそうな子」と出会えるものではありません。こんなときは、逆にテレビを上手に使うことをおすすめします。

子どもにはそれぞれ、お気に入りのアニメやドラマ、音楽番組、お笑い番組……などがあるでしょうが、これを漫然と見せていては、テレビというメディアにハマってしまうだけ。芸能人のまねをして注目を浴びたいという気持ちが生まれかねません。

そうではなく、スポーツ選手やピアニスト、画家などの芸術家に密着し、その生活ぶりを描いたドキュメンタリーなどは、うまく子どもの興味と合えば、非常によいお手本になってくれるもの。

盲導犬トレーナーのドキュメンタリー番組を見て、愛犬との関わり方を学んだという子がいましたが、これは女の子独特の「憧れの対象と同化したい気持ち」が作用した例と言えるのではないでしょうか。

好奇心があることについてお手本をうまく見つけ、まねをしながら学んでいくこと。その機会を与えられるよう、親もテレビなどのメディアをうまく利用することが大切です。

Point 35 「愛されている」という確信が、女の子を強くする

「あなたは、お子さんを愛していますか？」

こんなことをお聞きすると、「何をそんな当たり前のことを！　なんのためにこの本を読んでると思ってるの！」とお叱りを受けそうです。ごく一部の、人間失格と言うべき者たちを除けば、親が子どもを愛するのは、当たり前のことでしょう。

では、質問を変えてみましょう。

「あなたの愛情は、子どもに伝わっていますか？」

さあ、いかがでしょう。お子さんはあなたたちが送る親の愛情を実感し、迷うことなく信じているでしょうか？

「黙っていても思いは伝わる」と言う方がおられますが、本当にそうなのでしょうか。

実は「黙っていては何も伝わらない」が真実なのではないのか……。そういう思いは、みなさんも社会のなかで、あるいは夫婦間で、薄々感じているのではないでしょうか。

「そういうことなら、言ってくれればよかったのに」とは、みなさんも幾度となく口にしたのではありませんか？

子どもに対しても同じこと。「親が子どもを愛しているのは当たり前、ことさら伝えなくても、理解しているはず」というのは、親としてあまりにも手抜きとしか言いようがありません。

とはいえ、何も毎日「愛してるよ」と言いなさい、と言うつもりはありません。それではかえって、そらぞらしいではありませんか。そんな絵空事のような言葉ではなく、愛情を伝える言葉というものがあるはずです。

男の子の場合、「おまえはよくやっている」「がんばってるね」「なかなかやるじゃない」というような、子どもがやったことを認める言葉が欠かせません。たとえ結果が惨憺《さんたん》たるものであっても、がんばってやったことを褒めてもらえることで、男の子は自分が認められたという満足感と、いつも親は自分を見てくれているという信頼感、ひいては親の深い愛情を感じ取ることができるのです。

これに対して、女の子はどうでしょうか。もちろん、女の子にも「がんばってるね」という、やったことを認める言葉は有効です。

ただ、繰り返しますが、女の子は男の子に比べて根がまじめです。「がんばったね」「なかなかやるじゃない」という言葉は嬉しい半面、「がんばらないと認めてもらえない」「がんばらないと愛されない」というプレッシャーにつながりがちなのです。

その結果、親の期待に無理して応えようとするあまり、自分自身が苦しくなってつぶれてしまうケースが、男の子に比べて多いように思えます。

では、女の子に対しては、どんな言葉で愛情を伝えるべきでしょうか。

これは、「あなたがいてくれて本当に嬉しい」という言葉に尽きます。やったこと、がんばったこと以前に、存在そのものを認めるのです。でも、実際にそうではありませんか？　子どもがいてくれるだけで、しあわせではありませんか？　その思いを、さまざまな言葉で伝えるのです。

その中で、もっとも言われて嬉しい言葉が「かわいい」なのではないか、と私は思うのです。「あなたの存在が素晴らしい」でも構いませんが、それでは子どもに伝わらないと思います。

外見的なことだけではありません。ふともらした思いやりのある言葉や、優しい行動、思わず微笑んでしまうような出来事、ちょっとした表情……などをとらえて、「かわいい＝愛らしい」と心から言ってあげるのです。これは、子どものことをしっかりと見て、観察していないと決して出てこない言葉だと思います。

念のために言っておきますが、思慮の浅さや幼稚さが現れたときに「……かわいいわねぇ」というのは、バカにしているようなもので、これは子どもを傷つけるだけですので、論外です。

適切なときに発せられる「かわいいわね」は、子どもに「愛されている」「見守己肯定感をもたらします。この自己肯定感が子どもにとって、何より大切なのです。

大事なことなので、もう一度触れます。自分は今のままでいい、ありのままの自分でいいという自己肯定感が持てた女の子は、どんなことにでも挑戦する勇気を持つことができます。「自分にならきっとできる。だから、思いきってやってみよう」と思えるようになるのです。

あなたのお子さんは、新しいことを始められず、しり込みしてしまうタイプではありませんか？　あるいは、ささいなことで落ち込み、なかなか立ち直れないというタイプではありませんか？

一概に決めつけるのは大変危険ですが、このようなタイプは、自己肯定感に欠けている可能性があります。

「私ならきっとできる」「私は大丈夫」という根拠のない自信は、持とうと思って持てるものではありません。でも、この根拠のない自信こそが自己肯定感であり、何かあったときに自分自身を支えてくれる拠《よ》りどころになってくれるものです。

どんな子どもにも欠点があり、克服しなければならない弱点があります。それはなんとかしようと思って、なんとかなるものではありません。大切なのは、「自分ならできる」「自分は大丈夫」という自信を持つことができること。それには、「私はこのままでもいい」という肯定感を持てることが関わってきます。

そして、この肯定感をはぐくむために不可欠なのは、「あなたがいてくれて本当によかった」「あなたって本当にかわいい」という、自分の存在を丸ごと受け止めてもらえる言葉。考えてみれば、とてもシンプルで簡単なことですよね。こんな言葉を日頃かけられて育った子どもは、間違いなく強くなります。

「強くなれ！」と一〇〇万回言うよりも、その存在が「かわいいね」と言うこと——これは、ぜひとも実行してください。

Point 36

「コレなら任せて！」がある子が、最終的に勝つ

「なんのとりえもなかった子が、ひょんなことから〝燃える何か〟を見つけてのめり込み、一生懸命取り組んで、ついには華々しい結果を出す」

こんなテーマの映画やドラマは定番のひとつになっていると思いませんか？　ス

ポーツだったり音楽だったり料理だったりと、燃える何かはさまざまですが、こんなストーリーが胸を打つのは、「寝食を忘れて打ち込める何か」を手にすることへの憧れと、晴れの舞台がもたらす高揚感があるのではないでしょうか。

後述しますが、私はよりよい人生を送るために不可欠なものは趣味であり、趣味が多いほどしあわせな人生を送れるものだ、と確信しています。趣味は、特技と言い換えてもよいでしょう。

「私にはコレがある」という特技があれば、自分をアピールできる舞台の数が多くなります。自分をアピールでき、かつ賞賛を浴びることができれば、それはどれほどの自信につながるでしょうか。

たとえば、あなた自身のことを考えてみてください。

もし、あなたがお菓子づくりが得意だとしましょう。そんなとき、友達から「今度、子どもの誕生日にケーキをつくりたいの。つくり方を教えてくれない？」と頼まれたら、嬉しくなりませんか？

「あなたは絵が上手だから、今度つくるＰＴＡのプリントでイラストを描いて」と頼まれたとなると、微妙に「めんどうなことを押しつけられた」と思ってしまうかもしれませんが、それでもやはり、「絵が上手」と認められたことについては、嬉しくなるでしょう。あるいは、仕事でも「この分野なら、あなたの専門だから任せたい」と言われると、嬉しくなってがんばろうという気持ちになるのではないでしょうか。

人は誰でも、いくつになっても、「人から自分の能力を認められた」と思うと嬉しく感じるものです。そして、この喜びは多ければ多いほどいいのです。大人だってそうなのですから、子どもではなおさらです。

たとえば、リレーの選手を決めるとき、「うちのクラス代表は、あなたしかいない」と言われる。合唱コンクールがあったとき、「ピアノ伴奏は、一番ピアノがうまいあなたに」と選ばれる。こんなことがあれば、子どもはどれほど自尊心をかきたてられ、自分に自信を持てることでしょう。

これは、どんなささいなことでも構いません。たとえば、刺繍《ししゅう》が得意で、持ち物にオリジナルの小さな刺繍をつけているとか、休日に友達どうしで出掛けるときに、いつもと違う凝った髪形を自分でつくれるとか、どんなことでも、人が知ったら「へえ、あなたってすごい！」と目を丸くされるようなこと。そんな特技がいくつかあると、自分に対する誇りにつながります。どんなささいなことでも、「私はコレが得意！」という誇りが持てることが、その子の人生を輝かせるのです。

得意なことがある、打ち込んでいるものがある、なおかつ、それによって人から賞賛を得ることができる――これこそが「自己表現」だ、と私は考えます。

子どもにとって何より必要なもの、それは「自分にはこれがある」という自信と、「これによって自分は輝くことができる」「これによって自分は人から褒められる」という確信です。これを得ることができるのが、特技ではないでしょうか。

子どもの世界では、「あの子はいつもテストで一〇〇点をとっている」「いつも全国模試で上位に入っている」という賞賛もあります。しかし、それは「あの子だからこそできること」という評価にはつながりにくいものです。下手をすると「だって、あの子ったらオシャレもしないで、勉強ばっかりしてるんだもん」と言われかねません。しかも、一〇〇点ばかりをとれるようになったところで、それは「自己表現」にはならないのです。

何かあったときに、「それなら私に任せて！」と立ち上がれる。あるいは「そんなことができるあなたって、スゴイのね」と感嘆される。そして、それにつながる特技を持っている。それは子どもが成長していくうえで、大きな財産になります。特技を持たせることは、学校や塾には決してできません。これは、親にしかできないことなのです。

そう考えると、週に四回塾に通わせることと、週に三つか四つの習い事をさせて、その中から（あるいはそのすべて）特技を持たせることと、どちらがよいでしょうか？　週に四回の塾通いで詰め込み学習をし、勉強以外になんのとりえもない女の子と、ピアノに絵画にお茶に水泳……と、四つの特技を持った女の子のどちらがより魅力的な大人になり、充実した人生を送ることができるのか。親たるもの、もう一度よく考えるべきだと思います。

Point 37

小さな子に好かれる女の子は、オールマイティ

小学生くらいの女の子が、自分より小さな子の世話を焼いたり、よく面倒を見ていると「○○ちゃんは将来、いいお母さんになるわね」と褒められる……昔からよくある光景ですよね。

小さな子に対して優しく振る舞えて、小さな子に好かれるのは、女の子にとって大切ですが、最近では見落とされがちな女の子の美点だと思えてなりません。

「そんなこと言っても、いいお母さんになるのが、この子の最終目的じゃないんだから」というご意見もあるでしょう。確かにその通り。女の子はいい奥さんになって、いいお母さんになることだけが、人生の最終目的ではありません。仕事を通して社会に貢献したり、自分なりの方法で自己実現を目指して、よりよい人生を送ろうとするのも大切です。

それでもなお、私は「小さな子に好かれる女の子のほうがいい」と、申し上げたいのです。

みなさんもご存じの通り、小さな子というのはわがままだし、理屈が通らないし、自分の思い通りにはならない存在です。

だからと言って、頭から叱りつけたり、無理強いさせていたりすると萎縮してしまい、その子自身のよさや自主性が伸びません。それと同時に、ただ相手の言うことを聞いて思い通りにさせてやるだけでは、ますますわがままになるばかりです。

小さな子どもが相手のときは、話をよく聞いてやり、気持ちを理解してやったうえで、自分から行動する気持ちになるような言葉を選んで提案し、いざやりはじめたら黙って見守ってやることが必要です。

さあ、ここには、人間関係で必要なことのすべてが入っています。そのことにお気づきですか？

すなわち、理不尽な話でもきちんと聞く「忍耐力」、気持ちを理解してやる「受容性」、押しつけではない提案ができる「調整力」、黙って見守る「寛容性」、そしてこれらのすべてを瞬時に思い浮かべて、実行に移すことができる「決断力」です。これらの力を兼ね備えたら、確実に子どもを伸ばすことができるでしょう。

これは何も子どもに対してだけ必要な力ではありません。忍耐力、受容性、調整力、寛容性、決断力とは、社会で生きていくために欠かせない力なのです。

「自分の意見をガンとして曲げようとしない」「人の意見に耳を傾けない」「ミスを認めようとしない」……最近、仕事の現場をはじめとした至る所で、こういう困った人が増えていると痛感している方は、きっと多いことでしょう。

とくにトラブルに発展しやすいのが、いわゆる「言った・言わない問題」。お互いに「確かに自分はこう言った」「いや、自分はこんなふうに言っておいた」と言い合って、話がまったく前に進まなくなる事態は、きっと多くの方が日常的に経験されているはずです。

私見ではありますが、このように「自分は確かにこう言った。だから、自分が正しい」と言い張る人には、一流大学出身者で高学歴ばかりが自慢の人や、「私は仕事に生きるの。結婚なんて眼中にないわ！」というキャリアウーマンが多いような気がします。

そして、これぞ社会に残る女性差別の一例なのかもしれませんが、同じようなタイプの男女が並んでいた場合、女性に対するほうが周囲の目が厳しくなってしまうのが現実です。

日常的に起こりがちな「言った・言わないのトラブル」を解消するには、「確かに自分はこう言ったのだが、もしかしたら言葉足らずで誤解を招いてしまったのかもしれない」と譲歩する「忍耐力」、相手の言い分を受け止める「受容性」、そしてどうすればお互いが歩み寄れるかを探る「調整力」が必要になってきます。この力は、実社会でもまれ、数々の挫折を経験するうちについてくるものですが、いい年齢になっても「自分が正しい！」と言って譲らない人が多いのも確かなこと。

そこで、前述した「小さな子に好かれる女の子」です。

小さな子どもは、それこそ日々が「言った・言わない」の繰り返しです。「きょうは外で遊べないと言ったはずでしょう」と言って納得するような聞き分けのよい子どもが、世の中にどれほどいるでしょうか。

こんなとき、「外で遊べないって言ったんだから、ダメなものはダメ！」と突っぱねたところで、なんにもなりません。

「外で遊べないと確かに言ったのだが、この子はそれを忘れてしまっている」という事実を即座に受け入れ、「じゃあ、家の中で隠れんぼしよう」などと、別の魅力的な提案ができる発想力や柔軟性が欠かせません。

これはまさしく、仕事におけるトラブル回避術そのものです。小さな子と一緒に遊んだり、世話を焼いたりするのは、実社会の訓練を子どものうちから積んでいるのと同じだと言えます。

「女の子は小さな子の面倒をよく見て、小さな子に好かれるほうがいい」――これが「よい母親になるため」だけではないのは、ご理解いただけると思います。

「小さな子に好かれる女の子」は今の時代、母親としても社会人としても、オールマイティになれる可能性を秘めた「社会の宝」なのです。

もしお子さんにその芽があるなら、大いに認め、大切にはぐくんでください。将来どんな職業に就こうと、母親になろうと、素晴らしい未来が待っているに違いありません。

Point 38
「目は口ほどにモノを言」わせる力をつける

どんな親でも、自分の子どもに対して「かわいいなあ」と心が動かされるものですが、男の子と女の子では、「かわいい」の質が違いますよね。

先に触れましたが、男の子は、大人から見るとつまらないとしか思えないことに一生懸命になったり、くだらないことを思いついては必死に取り組んだり、遅くまで真っ黒になって遊んできたり、ちょこまか動き回ったりするものです。

「うちの子は本当に落ち着きがなくて、全然勉強しなくて……」と悩みを打ち明ける方が多いのも、現状ですよね。

でも、この「ちょこまかする姿」こそが、男の子のかわいさであり、魅力であり、将来大きく伸びるために欠かせない潜在能力だと、私は考えています。だからこそ、男の子の親御さんは、子どもが小さいうちは思いきりいろいろなことを経験させ、思いきりちょこまかさせたほうがいい、と声を大にして主張したいのです。

では、女の子はどうでしょう。これも先で述べましたが、女の子は大人がつい見落としてしまいそうなささいなことや、暮らしのなかできれいなものやかわいいものを発見して目を輝かせるような「半径五メートルの観察眼」と「感受性」を持っています。そして、なんでも白黒をはっきりつけず、グレーのまま受け入れることができる「受容性」も持ちあわせています。女の子に対して「かわいいなあ」と思うのは、これらの特性が現れたときではないでしょうか。

これらは女の子ならではの魅力であり、しかも人間関係を調整するなど、実社会で求められる力につながっていきます。だからこそ、こまやかな感性が幼い頃からはぐくまれるよう、さまざまな機会を与えてやることを、女の子の親御さんには考えていただきたい、と私は思うのです。

そして、この、女の子ならではのよさが顕著に現れるのが、表情です。嬉しいときにパッと顔を輝かせたり、楽しいことがあれば思いきり笑ったりと、くるくると表情がよく変わる女の子は、それだけで魅力的です。悲しいときには悲しい顔を、悔しいときには悔しい顔をと、自分の心の動きを表情に出せることは、性格の素直さや感受性の豊かさを感じさせてくれ、その場の空気を和ませることができます。これは、女の子ならではの美点だ、と私は考えています。

豊かな表情は、言葉以上にその人の気持ちを伝えてくれるもの。よく言われることですが、女性は声高に自己主張すればするほど煙たがられてしまう、そういう傾向があるのが、現実です。これは、日本の社会がまだ成熟していない証《あかし》かもしれません。

ストレートな自己主張よりも、さまざまな表現を駆使して、変化球で思いを伝えるほうが、物事がスムーズにいくことが多いものです。みなさんも実感されていることと思います。そして、この「変化球の自己主張」を大いに助けてくれるのが、豊かな表情なのです。

誤解していただきたくないのですが、何も「はっきりと自己主張するのは損だから、表情で思いを伝えるべき」と言っているわけではありません。

「どうしたいの？」と聞かれて、「うーん……」と言って困った顔をしてみせるようなハッキリしない女の子が、今どきどこで受け入れてもらえるでしょう。だからと言って、「ものすごい形相で自分の意見をまくしたてる」ようでは、社会でうまくいくはずがありません。

「言うことはキツイんだけど、なんだか憎めない」「にこにこしながら、思っていることをズバッと言う」というようなテクニックを持っている女性は、どんな場面でも非常に強いものです。これこそが、「変化球の自己主張」ではないでしょうか。

豊かな表情は、女の子ならではの魅力であり、武器でもあります。これは、一朝一夕でどうなるものではなく、小さな頃からの積み重ねで自然と身につくものだと思います。

「嬉しそうな顔だねえ」「あ、何かおもしろいもの見つけたの？　今、顔がぱっと輝いたよ」などと、ささいな表情の変化を見逃さず、敏感に反応してやることが、子どもの表情を豊かにするための第一歩と考えてください。

そして、子どもが嬉しい顔をしたら親も嬉しそうな顔に、悲しげな顔になったら親は心配顔にと、子どもの表情の変化で気持ちをくみ取り、同調してやることです。するとと子どもは、「自分の表情で、まわりの気持ちも動く」ことを自然に学んでいきます。「目は口ほどにモノを言う」ことを小さいうちから教え、表情でモノを言える力のある子どもにしてあげましょう。そうすることで、子どもは社会を渡っていく大きな武器と魅力を、同時に手に入れることができたことになります。

Point 39

「ごっこ遊び」が好きな女の子は伸びる

「誰が教えたわけでもないのに、男の子と女の子は自然に別の遊びをします」――これは、幼稚園や保育園で子どもたちが自由に遊んでいる姿を見たことのある方なら、実感されているのではないでしょうか。

もちろん、男の子と女の子が一緒に遊ぶことも多いでしょう。でも、たとえばぬかるみの泥を見つけたとき、男の子はぽちゃぽちゃと泥をはね飛ばして遊びますが、女の子は一心に泥団子をつくるなど、なんとなく「男女の棲《す》み分け」ができてしまいます。お互いに「男の子ってやーね！」「女の子は何がおもしろいんだろう？」などと言ったりするものです。もちろん、楽しそうに泥団子づくりに邁進《まいしん》する男の子がいても、なんの問題もありません。

細かいことはともかく、おおよそこのように自然と分かれる「男の子の遊び・女の子の遊び」の中で、男の子たちが「本当に、何がおもしろいのか、さっぱりわからない！」と思っているものがなんだか、みなさんはご存じですか？　それこそが、おままごとなどの「ごっこ遊び」です。

おもちゃの包丁やまな板を使って、雑草を刻み、おもちゃの鍋に入れて、小さなヘラで混ぜ合わせ、人数分の皿に盛りつけて「さあ、どうぞ」。……最初のうちはつきあっていた男の子も、途中で飽きて、どこかにすっ飛んでいきます。

しかし、女の子たちは違います。同じようなやりとりを延々と続けて、飽きることがありません。お人形を赤ちゃんに見立ててあれこれと世話を焼いてみたり、誰かが病気になったという設定にして看病のまねごとをしてみたりと、ままごと遊びは果てることがありません。

「ままごとを見れば、家庭がわかる」とは、よく言われますよね。「早く早く！」とせかしてばかりいるお母さんの子どもは、ままごとをしていても「早く早く！」と言うなど、お母さんの本性が見えるところもあるし、その家の食事マナーから、給料日前の節約メニューの実態が見えることもあります。

それだけに、「もう、ままごとはしないでちょうだい！」と言いたくなるお母さんも多いとか。しかし、これは絶対にやめていただきたい。

ままごとに始まるごっこ遊びは、決して禁じてはいけません。

「おままごとなんて、小さい子の遊びでしょう？　もう小学生なんだから、卒業したら？」というのも、大きなお世話です。積極的にやらせるべき遊びであり、必要な遊び、女の子にとってのそれが、ごっこ遊びなのです。

みなさんは、学習に必要なものとは何だと思いますか？

「そりゃ、できるだけ多くの時間勉強して、たくさんの知識を身につけることでしょう」という答が聞こえてきそうですね。確かに一理あります。

では、「たくさんの知識を身につけること」とは？　まさか、「たくさん暗記すること」だと思っていないでしょうね。もう何度も申し上げましたが、私は、「詰め込み学習・丸暗記学習」は子どもの能力を潰《つぶ》す最たるものだと思っています。

では、学習に必要なものは、なんでしょう。先にも書いたように、それは「まねをする力」だ、と私は考えているのです。

ピアノでも絵でも運動でも、なんでも、「もっと上手になりたい！」と思ったとき、一番よい方法は、自分よりうまい人を見つけ、その人のまねをすることです。まねを否定的にとらえる人がいますが、とんでもありません。

まねをするためには、観察力が何より必要です。「この人のやり方と自分のやり方では、どこが違うか」を冷静に見極め、微妙な違いを再現する。うまくまねができるようになったら、「もっとこうしてみたらいいのではないか」と自分なりに考えてプラスする。この力は、勉強でもっとも必要な力です。

そこで、ごっこ遊びです。ごっこ遊びでは、子どもは自分の母親がやっていることを観察し、それをまねして遊びます。これは、遊びながら観察力を育てているのと同じ効果があります。

さらに、「私がお母さんだったら、こんなふうにやる」という想像力を働かせ、自分なりのお母さん像を演じているのです。これはまさしく、絵を描いたりピアノを弾いたりするなどの、自分を高める芸術活動をしていることと同じであり、人間性を高め、自分自身を成長させることにつながる、きわめて重要な遊びだと言えます。

もうひとつの見落とせない効果は、ごっこ遊びを通して、子どもが今、何に興味を持っているかがわかる、ということ。たとえば、自分より小さな子に対する愛着の気持ちが育っているなら、お人形を赤ちゃんに見立てた「お母さんごっこ」をするでしょうし、スーパーのレジなどに興味があるなら、「お店屋さんごっこ」をするものです。「お医者さんごっこ」というと悪いイメージを抱く人もいるかもしれませんが、注射や聴診器などの医療機器に興味がある、女医さんや看護師さんに対する憧れがあるなど、興味の向かう先は実にさまざまです。

それをよく観察することで、子どもの好奇心をさらにかきたてる工夫をすれば、ごっこ遊びはさらに広がり、深みを増し、子どもの創造力が成長するに違いありません。

また、バレエを見に行った、水族館でイルカのショーを見たなど、新たな経験を積めば積むほど、ごっこ遊びは広がっていくものです。

「小さな子がする遊び」「家庭の内情がわかって恥ずかしい」など、否定的な見方はやめましょう。子どもの興味を的確につかみ、より多様なごっこ遊びができるように、いろいろなところに連れて行って新しいものを見せてあげるなど、子どもがより豊かなごっこ遊びができるよう、親御さんもさまざまな工夫をしていただきたいと思っています。

なぜなら、ごっこ遊びこそが女の子をより成長させ、持っている能力を伸ばす最高の教育となりうる貴重な経験なのですから。

Point 40 受験のために「趣味の芽」を断つのはもってのほか

平均寿命が年々上昇し、今や「人生一〇〇年」が叫ばれる時代。九〇歳まで元気に生きる人も、珍しくないのが今の世の中です。

さて、では、この長い年月、あなたはどう暮らしますか?

「現役を離れたら、何もしないでのんびり暮らしたい」とは、仕事を続けてきた男性からよく聞く言葉です。忙しい日々を送る人ほど、そんな夢を抱いていると思います。しかし、これが延々続くとなると……たちまち飽きて、倦《う》み疲れてしまうのではないでしょうか。

「やるべきことが見つからない」というのは、人にとって不幸です。退屈は、人から生きる気力を奪うものではないでしょうか。

そんなとき、趣味があれば、どれほどの救いになることでしょう。

趣味といっても、パチンコなどのギャンブルではお話になりません。趣味とは、自分が高められ、自分を表現できるものでなければならない、と私は考えます。

たとえば、花を育てることでも、お菓子をつくることでもいいのです。「もっとこうしたらいいんじゃないか」「よりよくするためには、何をすればいいか」と考え、試行錯誤を繰り返しながら、自分なりの方法を見つけていくのです。これは、芸術活動にも通じる、自分を高める作業と言えます。

そして、趣味はひとつだけではないほうがいいようです。楽器を楽しみ、絵を描き、何かをつくり、自然と触れ合うなど、さまざまな趣味を持ったほうが、より楽しみは広がります。

そう、しあわせな人生は、より多くの趣味を持つことで保証されるのです。

歳《とし》をとって、仕事をリタイアしてから趣味を探す人がいます。あるいは、子育てが一段落してから、「打ち込める何か」を探してカルチャーセンターに通う人がいます。そんな方々のお話を伺うと、みなさん「もっと早く出合っていればよかった」とおっしゃいます。何事においても、始めるに遅いということはありません。しかし、早く始めれば始めるほど、より深い楽しみや充実感を得られるのも確かなことでしょう。

だからこそ、子どもたちには「趣味の芽」となるような、さまざまなことを経験させてほしい、と強く願うのです。

今や男の子であろうと女の子であろうと、すべての親御さんは「よりよい人生を送るためには、少しでもよい学校に」と考えていますよね。そのため、小さなうちから塾に通わせたり、勉強をさせたりするという人も多いでしょう。

そのこと自体、決して否定はしません。ですが、「勉強だけしていればいい」という考え方は、間違っています。

受験をする女の子の親御さんが犯しがちな過ちに、「進学塾に通わなければならないから、小さな頃からやっていた習い事をやめさせる」ということがあります。幼稚園の頃から習っていたピアノやバレエ、スイミングなどを、受験のためにやめさせる、なぜなら今一番大事なのは、合格することだから。

もしこんな考えをお持ちなら、即刻、改めていただきたいと思います。いかに目標としている学校が難関であろうと、勉強時間が長くなろうと、それまで続けていた習い事は、安直にやめさせるべきではありません。どうにか時間をやりくりして、絶対に続けさせるべきです。習い事を制限して受験をする意味は、まずほとんどないことなのだと、認識してください。そして、それを要求する「塾」は「詐欺師」です。クライアントの子どもの幸福よりも自己営利を優先する、知恵とは無関係の存在です。

なぜなら、習い事で培った「自己表現力」は間違いなく、受験勉強の効率を上げるからです。現に東大生の大半がピアノかバイオリンを弾けるのです。これが何を意味しているかというと、彼らはピアノやバイオリンを習い続けながら、過酷な受験を闘い抜いたということです。これこそ、習い事が受験勉強の足を引っぱらないことの証明だと思いませんか。

暗記学習でオーバーヒートしそうな頭をピアノでクールダウンさせる。受験勉強で極限まで高まったストレスを、バレエで身体を動かして解消する。高まる不安が汗をかくことで、前向きな気持ちに昇華される。趣味は、受験で煮詰まった子どもの心を解放させてくれるものです。

長時間机の前に縛りつけて、ひたすら勉強させるのが、唯一無二の学習法と信じている方が多いようですが、この方法はストレスがたまる一方で、非常に効率が悪いのです。

それに比べて、「煮詰まったらピアノなどの趣味で発散し、いったん気分をリセットしてから、また勉強に取り組む」ほうが、学習効果が高いということを、みなさんはご存じでしょうか。

この本で繰り返し述べてまいりましたが、「豊かな感受性」は人間的な魅力にあふれる女の子に育てるために不可欠なものです。

ところが、「感受性」とは、はかないもので、機械的に物事を頭に詰め込むような暗記学習をしているうちに、あっという間に低下してしまいます。もう何度も触れましたが、その結果でき上がるのが、「膨大な知識は頭に入っているものの、その使い道を知らない無味乾燥な人間」だったり、「一流大学の学生であることだけが誇りの権威主義者」だったりするのです。あなたは、わが子をそんなつまらない人間に育てたいですか？

よりよい学校を目指すことは、否定しません。受験という過酷なレースを勝ち抜くために、ある期間勉強に打ち込む必要があることも、確かです。

だからといって、大切な趣味を手放したり、感性を鈍化させたり、みすみす人としての魅力を奪うようなことがあってはなりません。

繰り返し強調します。もし、お子さんが何か趣味を持っていたら、「受験があるから」という理由でやめさせないでください。それは、お子さんが受験に成功するために不可欠な要素であると同時に、歳をとってもしあわせな人生を送るために欠かせないものなのですから。

Point 41 受験と習い事

習い事をいくつもしている子どもが増えています。ふたつ三つは当たり前、五つ六つの習い事を並行してやっている子は、今の時代珍しくありません。これは親が忙しくなっていることと大いに関係があります。もちろん「やらせたいことがたくさんある」という親もいますが、放課後、帰宅しても家には誰もいないという状況に危機感を持ち、安全に過ごす場所を確保するために習い事を利用する親が増えた結果だと見ています。

男の子なら、いくつも習い事を抱えていても「アレはもう退屈」「書道よりも友達と遊びたい」と言い出して、少しずつ習い事が減っていくケースが多いのですが、親の言うことに逆らえない女の子は、まるで分刻みのスケジュールをこなす芸能人のように、いくつもの習い事を乗りこなしていくものです。

ところが、その状況は受験態勢に入ると一変します。塾に通う時間を確保するため、ある日突然、習い事をいくつか、あるいはすべてをやめなければならないと親に宣言されるのです。

親にしてみれば、どうせ習い事は放課後の託児所として使っていたようなものです。そこに割く時間を塾に当てるのは当然のことだし、もし続けたかったら受験が終わってから再開すればいいだけとしか思えず、習い事をやめるのが子どもにとって大きなこととは理解できないのかもしれません。「きちんと子どもの意見も聞いた。独断ではない」と反論されるかもしれませんが、先に記した「女の子は親の言うことに従うもの」という性質を思い出してください。こうした場合、女の子は「お母さんがそう言うなら」と受け入れる子が大半です。

習い事をやめた弊害は、塾に通うようになり、毎日膨大な量の暗記学習を強いられるようになって初めて現れます。とにかく、息つく暇がないのです。たとえば複数ある習い事の中から、子どもが選んでいくつかだけ残したとしても、「やめちゃったけど、お習字の墨の香りは好きだった」とか「そろばんを弾《はじ》く音は気持ちよかった」など、失って初めてやめた習い事のよさに気づくことがたくさんあるでしょう。

でも、今やそれを懐かしむ時間もありません。やめなければよかった、続けたかったという気持ちを押し殺して、受験勉強に邁進するしかない……その喪失感や虚《むな》しさは、子どもの心に影を落とします。

もし、習い事をたくさんやっていて、中学受験のためにいくつかやめなければならないのだとしたら、まずはじっくり子どもと話をしてください。そのとき、決して「そろばんはもういいわよね」「茶道は大人になってからまたできるんじゃない？」などと誘導尋問のようなことはしないでください。それぞれの習い事に対する子どもの気持ちをゆっくりと解きほぐし、ひとつずつ丁寧に話を聞いてください。

それでももし「本当はどれもやめたくない」と言ったら……ここで試されるのが親の力です。塾ではなく家庭教師など、時間の融通が利く方法に変えるのもいいでしょうし、曜日や時間を調整することで乗り切れないか、塾の先生に相談するのもいいでしょう。

女の子がさまざまな習い事をするのは、感受性を磨くという面で大きな効果があります。あらゆるジャンルの習い事を経験させるのは、結構なことです。

しかし、中学受験があり、その時期になったら「やめさせなければならなくなる」という事態は、常に想定しておいてほしいのです。ギリギリになって「受験勉強をしなければいけないから、習い事はやめましょう」と言い出すのではなく、そのときどきで子どもに向いているかどうかを見極め、一週間のうちの習い事に通う日数を抑える工夫は、幼い頃から始めたほうがいいでしょう。

どうか、無下に「受験だから習い事は一切やめましょう」と宣告するようなことは避けてください。親が思う以上に、子どもは傷つくのですから。

Point 42

「見守り、はぐくむ」が女子教育の要

私は長年数多くの子どもたちと、出会い、触れ合い、導くことを仕事にしてきました。多くの方々のご相談を受けるなかで、常に思わずにいられないのが、「親と

しての義務のおよぶ範囲」ということについてです。

親は、子どもがしあわせな人生を送れるよう、あらゆる努力をすべきだということに、異論がある人はいないでしょう。多少、相手に不満があっても、円満な夫婦関係を築くこと（ときには演じることも必要でしょう）、健康でいられるように食生活や生活習慣を整えること、きちんとした教育を受けさせること……など、すべきことはたくさんあります。

しかし、社会全般を見渡すと、「社会に貢献できる人間を送りだす」という使命感をお持ちの親御さんが少ないような気がしてなりません。

「社会に貢献できる人間」と言っても、何も政治家や官僚になって人の上に立つ人間になれと言うわけではありませんし、暮らしを便利にするような新技術の開発者を目指せ、と言うわけでもありません。

それは、もっと簡単でシンプルなこと、すなわち、思いやりの心を持ち、どんな人とでも円滑なコミュニケーションを築ける人間であり、一緒にいて楽しい、安らぐという人間になれるよう導く、ということです。

この本で、私は「女の子に大切なのは、『感受性』と『受容性』、そして『忍耐力』である」と繰り返し述べてきました。また、「たくさんの趣味を持つことは幸福を保証する」ことも述べてきました。

これは、「女の子はかわいければいい。よい母親になることが一番大事」という理由からでは決してありません。

「どんな人とでも円滑なコミュニケーションを築くことができ、しかもその場の空気を和ませることができる人間＝社会に貢献できる人間」となることを目標としていただきたいからです。

そのためには、単に知性だけを養うよりも、女の子に備わっている感受性、受容性、忍耐力をはぐくむことが何より大切だと考えます。

しかし、これは教えて身につくものではありません。「感受性を豊かにしなさい」と言ったからといって、さまざまなことに心が動く感性が育つものではないのです。となると、親がなすべきことは、子どもをよく観察し、伸ばすべき美点が芽生えたのを見落とさず、摘み取らないよう気をつけながらはぐくんでいくことに尽きます。

もちろん、芸術に触れさせたり、老若男女を問わず多くの人と親しむ機会が多く持てるように導くことによって、感受性、受容性、コミュニケーションの能力がより伸びる工夫を凝らすことも不可欠です。そのうえで、子どもに芽生えたものを見守ってはぐくむことができれば、最高の教育だと私は考えます。

ここで注意していただきたいのが、忍耐力を身につけさせる方法です。勉強や生活習慣の躾《しつけ》などで、日常的に子どもに我慢を強いることは多いでしょう。女の子は男の子に比べて忍耐力が強い傾向があるので、親は苦労せずに子どもに我慢をさせることが可能です。

ところが、無駄に我慢をさせた結果、本来持っていた感受性が失われてしまった子や、感情の起伏に乏しい壊れた子を、私は数多く見てきました。

暗記学習にとって邪魔なのは、「これはどういうことなんだろう？」と純粋な疑問を持つ好奇心や、ささいな美しさに気づく感受性です。つまり、詰め込み教育は女の子から感受性を奪うものだと、あらかじめしっかり認識しなければならない事柄なのです。

女の子は、コツコツと地道な勉強を重ねて、じわじわと力をつけていくことが学力を上げる秘訣《ひけつ》だと述べました。

このとき大切なのは、「がんばってるね」「よくやってるね」と褒めてあげること。とはいえ、先にも述べましたが、あまりプレッシャーを与えず、上手に努力を認めてあげることです。こうすることで女の子は喜びを感じ、もっとがんばろうという気持ちを持つとともに、思いやりやこまやかな気づかいの大切さや、人にも同じ思いを与えてあげたいという優しさを学んでいくのです。

この積み重ねも、感受性、受容性、忍耐力をはぐくんでいきます。

家族に見守られ、自分が本来持っている力を大切にはぐくまれて成長した子どもは、何より明るい子に育ちます。のびのびと明るく育った子どもは、いるだけで陽気なエネルギーを発散させるようになります。この陽気なエネルギーは、周囲をも明るくし、よい気分をもたらしてくれるもの。これは立派な「社会貢献」だと思いませんか？

暗いおばちゃんと元気のいいおばちゃん。周囲の者にとっては、後者が望ましいに決まっています。うるさすぎるのは〝社会問題〟ですが、自己制御の気配りある陽気さなら、誰もに歓迎されることでしょう。

自分が楽しむことを知り、自らの感受性で、さまざまなことを感じとれる子は、初対面の人と会ったときも自分から積極的に話しかけますし、わがままではない自己主張ができるものです。

そして、回りの意見に左右されたり、判断を他人に委ねたりするようなことはせず、自分から主体的に動けるのです。

女性に「主体性」が求められる社会になって久しいのですが、さらに周囲の人たちの気分までよくしてくれるような「協調性」や「陽気さ」が、これからの女性にはより求められるようになるのは、間違いありません。

「男に頼らず生きていけるような経済力」を、これからの女性の必須と考える方も多いのですが、それも結構。しかし、どんな場合でも、ひとりの人間として魅力的であることが、何より大切なのです。あなたのお子さんが、将来キャリアウーマンになろうと、専業主婦になろうと、それは同じこと。どうかお子さんに育っている「魅力の芽」を見落とさず、大切にはぐくんでいただきたいと願ってやみません。

Point 43

感受性の基は「まぁ、かわいい」と思う気持ち

人生の究極目的はふたつあります。ひとつは正しく成長し続けること、もうひとつは「世代交代」をすることです。「正しく」を「美しく」に置き換えても同じでしょう。

何をやっていてもよいのです。何か少しずつでも進歩や向上が感じられれば、人生には大きな不幸はないはずです。よい生活とは楽しい生活のことで、財産や社会的地位に恵まれた生活とは限りません。

現在、わが国の女性の平均寿命は約八七歳で、これはこれからもまだのびる数値だと思います。健康に恵まれた方は、一〇〇歳近くまで活動的に生きることが可能です。いずれにせよ、将来は六〇歳から先にまだ三〇年近く「活動期間」がある可能性が高いと思われます。

三〇年の活動期間は、ひとつのことを成し遂げるのに十分な期間です。もしこれが労働にあてられると、少なからぬ金額にもなると思います。労働は、他者のためになる立派な人間活動のひとつです。

労働は、その人が社会にとって必要な理由を与えます。これを逆に言えば、六〇歳以上の人間活動のためには、それまでに積み重ねてきた種々の知恵や技術が大変重要になります。

高齢になっても社会と関わり、家庭内では誰かのためになるものをつくったり、家族以外の人の相談にも乗ってあげられる人で、敬愛すべき人物であり、何か役立つ力があり続ける……これが老年の理想でしょう。

今、私自身もそれなりに齢《よわい》を重ねて強く感じることですが、高齢者で社会に貢献している方は、高度な人間的知恵を身につけていることが実に多いと思うのです。「正しく成長を続ける」人間の多くは、歳をとるとボケるどころか、逆に賢くなるようです。また、芸術への造詣も、長く生きるほど深くなっていくもののようです。

よいものを当たり前に「よい」と言って許されるのが高齢者です。

よほどの変わり者でない限り、花は「美しい」と思うものです。いとおしいと思うものです。だからこそ、多くの高齢者は、花を育てるのでしょう。愛でるのでしょう。

こうして見ると、やはり究極大切なのは、いろいろな体験をして得る知恵と感受する心、そして肉体的健康ということになりそうです。

長生きの秘訣は、好奇心と感受性と健康である――と、まるで、あたかも偶然のように、子どもについての話と同じになってしまいます。

話は子どもの話でした。私が申し上げたいのは、こうした長い人生のしあわせの基をつくるのが、実に二〇歳までの教育環境ではないかということなのです。

感受性も肉体も、みな子どもの時代に経験したことが基になっています。

近年、女性の社会進出が進み、やればほぼ無限になんでもできることに、女性の多くが気づきました。それを受けるがごとく、最近は女の子のほうが、テストをさせればたいてい優秀です。しかも、女の子のほうがしっかりしていることが目立ちます。

この時代の流れを受けて、女の子の母親たちは、自分が果たせなかった夢を託すがごとく、「より高い学歴」「男性に負けない社会的地位」を娘に手に入れさせようと、「勉強しろ」「いい成績をとれ」と要求しがちです。そう、「やればできる」ことは、先に社会進出を果たしている多くの女性が証明しているのですから、それは途方もない夢物語ではないはずです。

しかし、この「やればできる」というのが、勉強と試験に特化されすぎると、暗記に走り「感受性」を未発達に終わらせる女性ができてしまいます。

こういう女性たちは、周囲と上手につきあっていくことができず、人として成長できない傾向が強いものです。また、たとえ能力を発揮して仕事一途《いちず》に邁進しても、仕事一途であるがために交遊範囲が狭まり、オモロイ男性と知り合う機会も少なく、その結果、ついつい婚期を逃しがちです。

仮に独身のままでも、感受性が豊かで、芸術などの多くの趣味を持っていれば、ゆっくりと手応えのある仕事ができるかもしれません。そうすれば、たとえ「世代交代」しなくとも、充実した人生を送ることができるでしょう。ただ、その仕事の基になるものも、すべて二〇歳までに仕込まれたものであることを忘れてはなりません。

先に「感受性も肉体も、すべて子ども時代に経験したことが基になっている」と述べました。また、「暗記学習ばかりに走った子どもは、感受性を未発達に終わらせることが多く、成長してからも婚期を逃しがちである」とも。つまり、こういう女の子たちは母親になりにくく、しかも充実した仕事人生も送りにくいのです。これは「発想力」のない高学歴男性が父親になりにくく、仕事に充実感を持ちにくいのと同じ「症状」です。

かつて自分の夢を託して「これからの女性は高学歴が必要だから、勉強しろ」と要求した母親は、社会的地位は得たものの、「世代交代」を果たせないでいる娘の人生に満足するでしょうか。いや、満足するどころか、今度は「結婚しろ」「子どもをつくれ」と際限なく自分の思いに任せて、娘に要求し続けてしまうケースが非常に多いように見受けられます。そしてこれは、永遠に娘の人生を受け入れることができないということ。まさに悲劇です。

女の子はかつての忌まわしい男尊女卑の価値観から解放され、どんどん自らの人生を自分のしたいことのほうにシフトしています。でも、かつての男たちがそうであったように、働きすぎればほかのことに回す時間がなくなります。遊びすぎるのも同様です。

「世代交代」は、リアルにハードです。いくら自立していても、周囲の協力なしにはできることではありません。だいいち、その前に、夫となる人と知り合って、結婚する必要があります。その場合、わがままな自分を貫き通して生きることは、もはや不可能です。うまく「世代交代」をするには、他者の気持ちを受け入れる知恵が必要です。

フェミニストたちは「結婚を選択したらフェミニストではない」と主張しています。なるほど、それには一理あるかもしれません。

本来「フェミニズム」の目的とは、女らしさの追求であり、女性の究極のしあわせの実現にあるのではないでしょうか。だとすれば、それは男性と対抗することではなく、自らの女らしさを磨くことにほかならないのではないか、と私は思うのです。つまり、女らしさを磨くこと――それは、「感受性」に大いに関係している、と私は確信するのです。そして、その女性特有の「感受性」を完成させるには、母親を体験することが欠かせないのではないか、と。

母親になることを拒絶するとして、その女性によほどの豊かな心情や文学的感受性がなければ、「大人の女性」になるのは難しいでしょう。母親を体験しない女性にとって、「受容」という言葉を実感するのは、なかなか難しいと思います。

好奇心の赴くままに行動し、さまざまな体験を重ねることが、男としてのしあわせにつながると、『男の子を伸ばす母親は、ここが違う！』で繰り返し述べました。今回、女の子の教育のことを書こうとして、私がどうしても女性には敵《かな》わないと思い続けたもの、男性にはない女性ならではのもの、それは「感受性」の深さでした。ただ「感受性」と言ってわかりにくければ、身近なものを「かわいい」と思う力と言ってよいかもしれません。

こればかりは、ほとんどすべての男性が、女性にははるかにおよびません。

男性は「オモロさ」で、女性に勝ります。しかし、男性のオモロさは、女性がもたらす「反応」がなければ、オモロイ必要がほとんどないのです。どうも男は、同性の友達にウケる以上に、オモロイ男であることを女の人にアピールしたい存在のようです。だとすれば、それをわかってくれる女性は、実の母親以上にありがたい存在ということになります。

相手を感じ、受け入れるためには、まず自分自身をしっかり理解し、かけがえのないものであるということを認識する必要があります。

そして、そんな自己存在の大切さだけではなく、相手の存在を受け入れること、これこそが自分にとって理想のパートナーを見つけだし、お互いの愛情を深め、実りある「世代交代」の礎となるのだと思います。その結果、自分の人生に対し、心から深く「充実感」を抱くことができるのです。

「われ思う、ゆえにわれあり」は、男性の発想。女性は「われ感ずる、ゆえにわれあり」だと思います。古典の「あはれ」は、そもそも女性の言葉だったはずです。このことは、女の子の教育に「感受性」の視点が欠かせないと思う所以《ゆえん》でもあります。

女性が充実した人生を過ごすためには、「感受性」が必須であることをご理解いただけましたでしょうか。

そして、女の子の「感受性」育成のためには、母親も「感受性」豊かになっていこうとしなければならないのは、もはや当然のようです。

父親よりすぐれた「感受性」を持つ母親だからこそ、「感受性」教育は母親の役割です。その母親に「感受性」が乏しかったら、どうしますか。

ただ敏感なだけではなく、相手との状況を含んで感じとる力。これを守り育てるのは、親にしかできないのです。

自らの遺伝子をよりよい形にして、次の世代へと引き継ぐ「世代交代」は、個々が抱える使命というだけではありません。もはや、充実した「世代交代」は社会全体が求めている、いわば「種」の問題なのです。少子化社会では、より充実した「世代交代」は、いっそう強く求められていくことでしょう。当然です。カップルの数が減り、次世代の絶対数がどんどん減っていくのですから。

それゆえ、女の子の「感受性」を守り、はぐくんでいくことがますます重要になっていきます。多くの親たちもそれに気づきはじめている、と私はひそかに思っているのです。それは、社会が充実した「世代交代」を求めるがゆえに出てきた、人間的かつ自然的な兆候にほかならないのではないでしょうか。

「感受性」がますます大切な時代になったこと、少子化社会の現状を前にしながら世の中が変わっていくこと、そしてそれを見越した教育が始まっていくこと――社会学的に見ても、生物学的に見ても、教育環境設定学的に見ても、実に興味深く、かつ自然な動きだと思わずにいられません。

世界の自然な営みがどんどん減っていく今日ですが、それと同時に多くの親たちが「感受性」の大切さに気づきはじめていること、私はこれこそが人間の持つ「次世代を守ろう」という本能の顕《あらわ》れであると思います。

文庫本のためのあとがき

読者のみなさん、本書ご一読、誠にありがとうございます。

そもそも本書の親本である単行本は、女性の社会進出が進むにつれて、女性の高学歴・高資格獲得が目指されてはいるが、そのことに時間と労力を奪われすぎるあまり、本来の女性ならではの能力である感受性が鈍化するのは、結局女性としての人生幸福を減ずることになるのではないか、勉強も大切だが、それは感受性を守りながらでなければならないのではないかということを、教育環境設定コンサルタントとしての経験から述べたものでした。

私は、その単行本の「あとがきにかえて」でこう記しました。

＊　＊　＊

好奇心なら決してひけをとらないわれわれ男性が、女性にまったく敵わないもの、それは多分女性があまり自覚することがない〝感受性〟の素晴らしさではないか。

この「宝」と言うべきもの――女性の〝感受性〟――をもっと自覚的に教育に活

かすべきだ。これがこの本の中心的な主張になりました。

自然環境世界最良の地の日本で、最高に感受性高き可能性を秘めたる母なる娘たちへ。

君たちは人生でもっとも感受性が伸びる時にあります。だから、ひょっとしてや勉強で忙しいでしょうが、「まあかわいい!」「まあオイシい!」のココロを忘れずにはぐくみ続けてください。

＊　＊　＊

自然の景色は「美しい」と言うが「かわいい」とは言いません。

間違っても、「富士山かわいい」と言う人はいないでしょう。

でも、小さなお花や、小鳥や、動物はかわいい。

「かわいい」とは、生命体として存在する小さきもののことを言います。

「かわいい」とは存在自体のこと。少なくとも、存在を認めたうえでの言葉。

「かわいい」と感じる力があることがかわいい。

「かわいい」と感じる存在がかわいい……。

われわれ男性を最後まで説得し続けるものが、これであることを思うとき、その持ち主である女性たちに、これからもそれを大切にしていてほしい、と切にお願いする次第です。

女性が「男の子ってオモロイ！」と思えば、男性は「女の子ってカワイイ！」と思う——男性も女性も、そう思える存在でありたいものです。

最後に、単行本のあとがきから、もうひとつだけ引用させていただきます。

『「男の子」の本が男性からの「教訓書」であれば、「女の子」は男性からの「要望書」でもよいではないか。男は女にこう期待すると、正直率直に』

そんな気持ちが伝われば幸いです。

末尾になりましたが、本書の親本を編集してくださった扶桑社の田中亨氏、ライターの堀田康子さんをはじめ、多くの方々に感謝の意を捧げます。今回の文庫化にあたっては、扶桑社の光明康成、秋葉俊二の両氏、ノアズブックスの梶原秀夫氏にもお世話になりました。そして何よりも、この本を手にしてくださった読者のみなさんに厚く御礼申し上げます。

二〇一三年九月

松永暢史

新訂版文庫本発刊に際してのあとがき

まえがき同様、こちらも執筆が三度目なので、読者のみなさんへの感謝以外に書くことがありません。そのため代わりに以下を書き記します。

最近、筆者は目の前に現れる男の子たちに向かって、こう語りかけます。

「たとえ兄や弟がいたとしても、それはキミとは似ていない。少しは似ているところはあっても、顔や身体やアタマの中は絶対に異なる。異なる部分のほうが圧倒的に多い。ということは、同じ父母の遺伝子を持ってはいても、キミと同じ人間は過去も未来も存在しないということだ。この唯一の精神と肉体を持った自分を与えられて、僕たちがするべきこととは何か？　それは、とどのつまり、それを用いて最大限にオモロイ人体実験をすることにほかならないだろう。そのためには、自分で考えて人にダマされない『武装』が必要だ。僕らはその武装のために自ら学問する」

最大限にオモロイ人生の追求――このことに同意しない男の子はいません。しかし、調子に乗って女の子に同じことを言うと、どこか受けとめ方の弱い反応があります。「最大限にオモロイ」のところで表情がやや苦しくなります。そこでそれを「最大限に楽しい人生」と言い換えると、にっこりと同意してもらえます。

多くの女性は楽しいことが大切と思うようです。しかしほとんどの男性は、「楽しいだけではつまらない。それでは刺激が弱い。オモロイでなくてはならない」と思うものです。

このことはある意味で、女性のほうが楽しむ感性が発達していることを意味します。逆に男性はその感性が不足しているからこそ、より刺激的なことを求めるようです。そして、それは好奇心を根にしていると思われます。

味覚、聴覚、視覚、触覚、こうした感受性における面で、女性は男性を上回っているものです。男性も自らの好奇心にまかせて、感性を研ぎすませることはできますが、全体面では女性に敵《かな》いません。机の上に花が飾ってあっても「あっ、かわいい！」とはまず感じません。でも女の子のことだけはかわいいと感じることが多いのです。それはなぜなのでしょうか？

女の子はかわいい。存在がかわいい。そういうようにできています。それはやがて母親になって、自分が愛されてきたように子どもを愛しみ育てる未来があるからに違いありません。ですからご両親はどうぞ「かわいい」と思う心のままに、わが子を「かわいい」と育てていただきたいと思います。もちろん、ただ言うことをきくばかりでワガママ娘に成長してしまわないように注意しながら。この忠告をしつつ、この本のあとがきに代えさせていただきます。

重ねてご一読に感謝します。

二〇二〇年四月

松永暢史

松永暢史（まつなが のぶふみ）

1957（昭和32）年東京都中野区生まれ。慶應義塾大学文学部哲学科卒。教育環境設定コンサルタント。「受験プロ」として音読法、作文法、サイコロ学習法、短期英語学習法など、さまざまな学習メソッドを開発。教育や学習の悩みに答える教育相談事務所V-net（ブイネット）を主宰。著書は『男の子を伸ばす母親は、ここが違う!』（小社刊）をはじめ、『びっくりサイコロ学習法』（主婦の友社）、『学校じゃ教えない「子供のアタマ」を良くする方法』（ワニ・プラス）、『男の子は10歳になったら育て方を変えなさい!』（大和書房）など多数。近著としては『落ち着かない・話を聞けない・マイペースな小学生男子の育て方』（すばる舎）、『「ズバ抜けた問題児」の伸ばし方』（主婦の友社）、『マンガで一発回答 2020年大学入試改革 丸わかりBOOK』（ワニ・プラス）がある。

ブイネット教育相談事務所

〒167-0042 東京都杉並区西荻北2-2-5 平野ビル3F

TEL 03-5382-8688 HP http://www.vnet-consul.com/

新訂版　女の子を伸ばす母親は、ここが違う!

発行日　2020年5月10日　初版第1刷発行

著　者　松永暢史

発行者　久保田榮一

発行所　株式会社 扶桑社

〒105-8070　東京都港区芝浦1-1-1　浜松町ビルディング

TEL (03) 6368-8870（編集）(03) 6368-8891（郵便室）

http://www.fusosha.co.jp/

印刷・製本　株式会社 廣済堂

ISBN978-4-594-08469-1